mokykla - yachay wasi	2
kelionė - ch'usay	5
transportas - astana	8
miestas - llaqta	10
kraštovaizdis - wanlla	14
restoranas - mikhuna wasi	17
prekybos centras - jatun qhatu	20
gėrimai - upyanakuna	22
maistas - mikhuna	23
ūkininko ūkis - chakra wasi	27
namas - wasi	31
svetainė - k'illi wanlla	33
virtuvė - wayk'una wasi	35
vonios kambarys - akana wasi	38
vaiko kambarys - wawa k'uchu	42
drabužis - p'acha	44
biuras - ujisina	49
ekonomika - qullqikamay	51
profesijos - llamk'aykuna	53
įrankiai - ruk'awi	56
muzikos instrumentai - takichiy nakuna	57
zoologijos sodas - jatun uywa kancha	59
sportas - atipanaku pukllay	62
užsiėmimai - ruwakuna	63
šeima - yawar masikuna	67
kūnas - uqhu	68
ligoninė - Jampina wasi	72
nelaimingas atsitikimas - urjinsia	76
Žemė - Pacha	77
laikrodis - phani (kuna)	79
savaitė - qanchischaw	80
metai - wata	81
formos - pacha tupusqa rikch'ay	83
spalvos - llimp'ikuna	84
priešingos reikšmės žodžiai - wakjinakuna	85
skaičiai - yupaykuna	88
kalbos - simikuna	90
kas / ką / kaip - pi / ima / imayna	91
kur - maypi	92

Impressum
Verlag: BABADADA GmbH, Nedderfeld 112 , 22529 Hamburg
Geschäftsführer / Verlagsleitung: Harald Hof
Druck: Books on Demand GmbH, In de Tarpen 42, 22848 Norderstedt

Imprint
Publisher: BABADADA GmbH, Nedderfeld 112 , 22529 Hamburg, Germany
Managing Director / Publishing direction: Harald Hof
Print: Books on Demand GmbH, In de Tarpen 42, 22848 Norderstedt

mokykla
yachay wasi

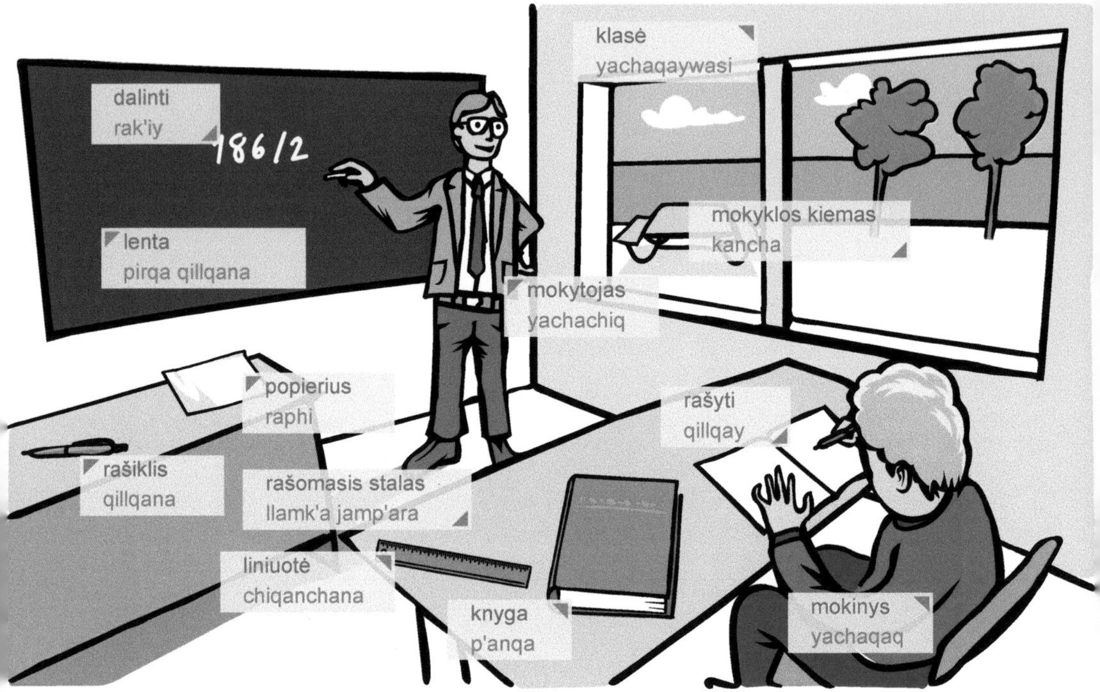
klasė
yachaqaywasi
dalinti
rak'iy
186/2
lenta
pirqa qillqana
mokyklos kiemas
kancha
mokytojas
yachachiq
popierius
raphi
rašyti
qillqay
rašiklis
qillqana
rašomasis stalas
llamk'a jamp'ara
liniuotė
chiqanchana
knyga
p'anqa
mokinys
yachaqaq

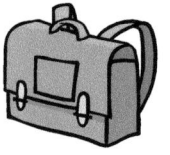

kuprinė

wayaqa

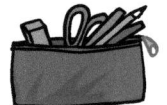

penalas

p'uktaki llimp'i qillqana

pieštukas

yana qillqana

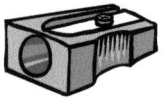

drožtukas

ñawch'ina

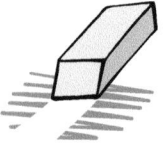

trintukas

qillqakhituna

piešimo bloknotas

qillqana p'anqa siq'inapaq

piešinys

siq'i

teptukas

chukcha llimp'ina

dažų dėžutė

p'uktaki llimp'ikuna

žirklės

k'utuna

klijai

k'akachana

vadovėlis

qillqana p'anqa ruwanakuna

namų darbai

kamachinakuna

numeris

yupay

pridėti

yapay

atimti

qhichuqay

dauginti

mirachay

skaičiuoti

yupanchay

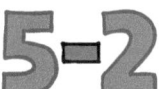

raidė

sanampa

abėcėlė

sanampakuna

žodis

simi rimay

tekstas

qillqa

skaityti

ñawiriy

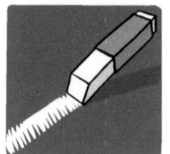

kreida

iskuna

pamoka

yachachina

dienynas

qillqana p'anqacha

egzaminas

chaninchana

pažymėjimas

certificaru

mokyklinė uniforma

uniforme

išsilavinimas

yachay

enciklopedija

jatun simi pirwa

universitetas

Jatun yachaywasi

mikroskopas

microscopio

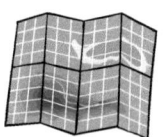

žemėlapis

saywa siq'i

šiukšliadėžė

raphi chuqana

kelionė
ch'usay

viešbutis
tampu wasi
Grand
svečių namai
qurpa wasi
ROOMS
valiutos keitykla
qullqi rantina wasi
lagaminas
p'acha churana
mašina
kuchi

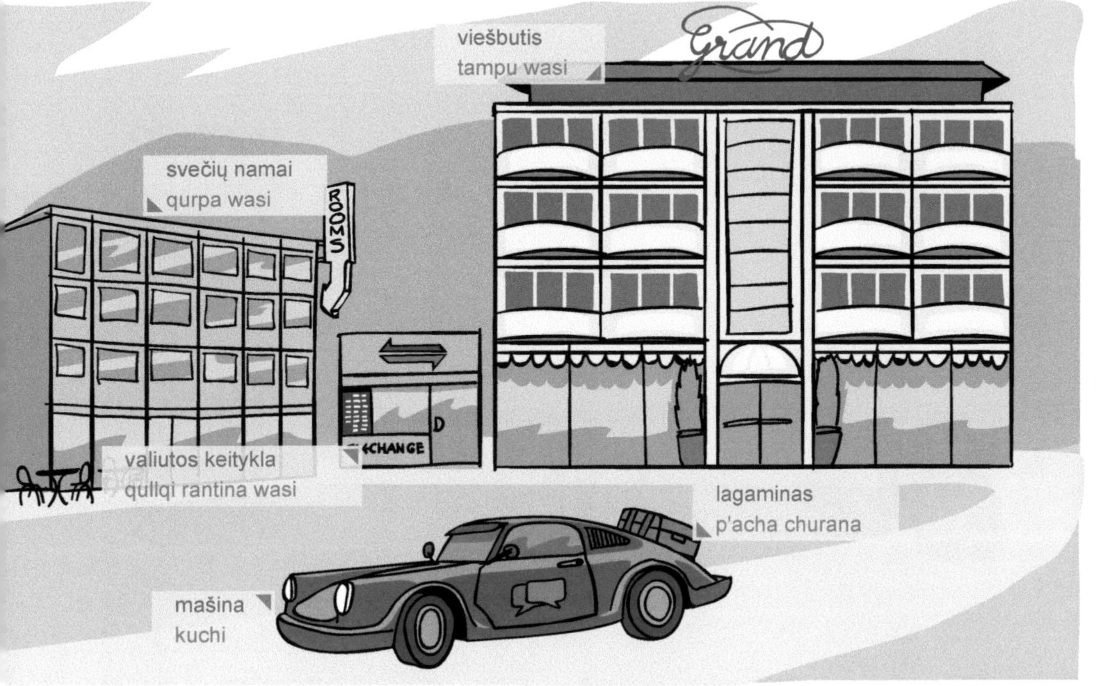

kalba
simi

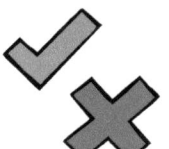

taip / ne
ari / mana

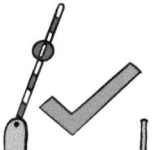

Gerai
ari

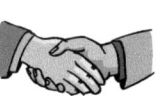

sveiki
Imaynalla

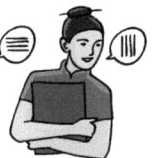

vertėjas raštu
tikraq

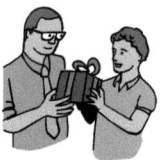

Ačiū
Pachi

kiek kainuoja...?

¡Machkhataq?

aš nesuprantu

Mana yachanichu

problema

ch'ampay

Labas vakaras!

¡Allin tuta!

Labas rytas!

¡Allin P'unchaw!

Labos nakties!

¡Allin tuta!

viso gero

tinkunakama

kryptis

pusachay wasi

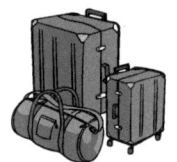

bagažas

q'ipi

krepšys

wayaqa

kuprinė

wasa wayaqa

svečias

jamuynisqa

kambarys

wasi

miegmaišis

puñunapaq wayaqa

palapinė

tienda

turizmo informacija

turismu willakuy

paplūdimys

quchapata

kreditinė kortelė

tarjita kriditumanta

pusryčiai

paqarin mikhuy

pietūs

chawpi p'unchaw mikhuy

vakarienė

tuta mikhuy

bilietas

qullqi

liftas

makina wicharinapaq

pašto ženklas

unanchana

siena

saywa

muitinė

adwana

ambasada

imwajada

viza

visa

pasas

pasapurti

kelionė - ch'usay 7

transportas
astana

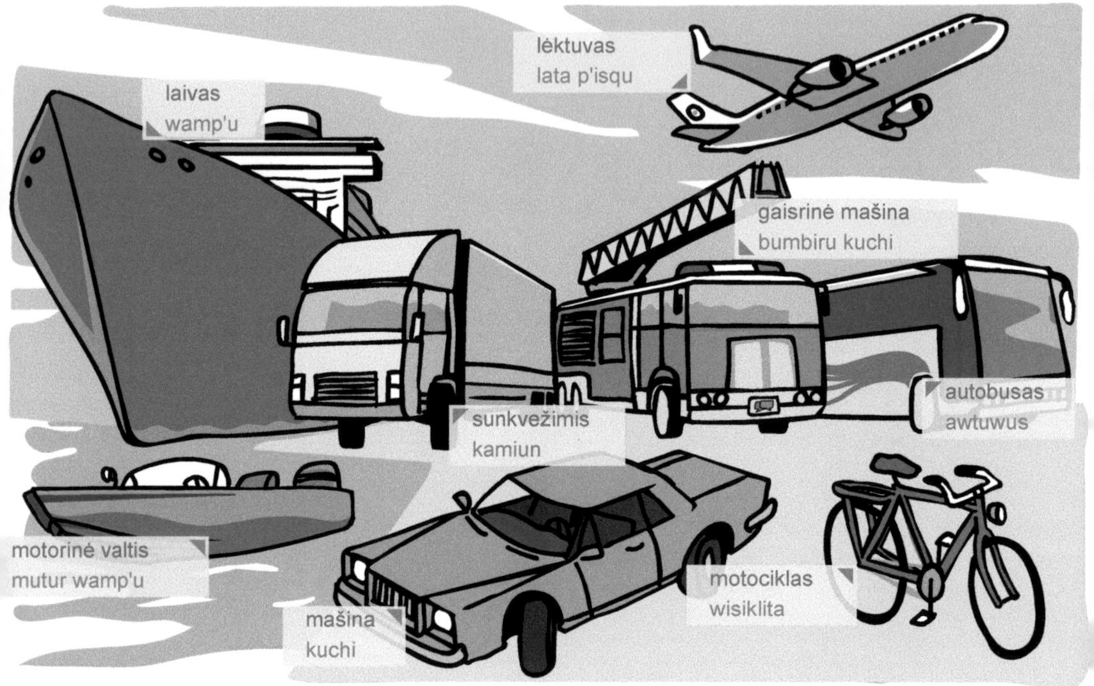
lėktuvas
lata p'isqu
laivas
wamp'u
gaisrinė mašina
bumbiru kuchi
autobusas
awtuwus
sunkvežimis
kamiun
motorinė valtis
mutur wamp'u
motociklas
wisiklita
mašina
kuchi

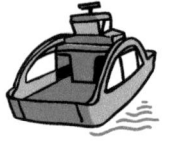

keltas

quchacha

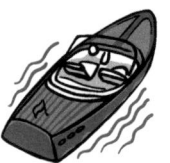

valtis

wamp'u

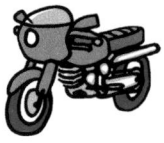

mopedas

mutu

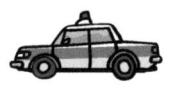

policijos automobilis

pulisiyap autun

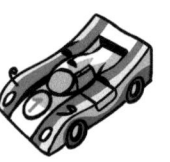

lenktyninis automobilis

usqay karru

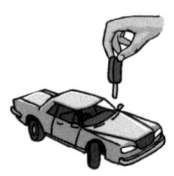

nuomojamas automobilis

kuchi manukuna

bendras automobilio
naudojimas
·················
kuchi manu

techninės pagalbos
automobilis
·················
grua

šiukšliavežė
·················
q'upa kamiun

variklis
·················
mutur

degalai
·················
gasulina

degalinė
·················
gasulinamanta istasiun

kelio ženklas
·················
chakatana sanampa

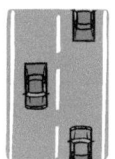

eismas
·················
trajiku

eismo spūstis
·················
chakatana

mašinų stovėjimo aikštelė
·················
istasiun

traukinių stotis
·················
trin estasiun

bėgiai
·················
ñankuna

traukinys
·················
trin

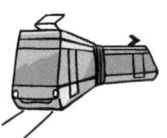

tramvajus
·················
tranwia

vagonas
·················
wagun

sraigtasparnis

ilikuptiru

oro uostas

lata p'isqu kiti

bokštas

pukara

keleivis

pasaqlla

konteineris

jatun p'uktaki

dėžė

karton p'uktaki

vežimėlis

kapachu

krepšys

isanka

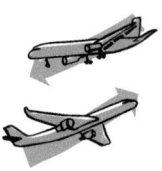

pakilti / nusileisti

phaway / uray

miestas
llaqta

kaimas

llaqta

miesto centras

chawpi jatun llaqta

namas

wasi

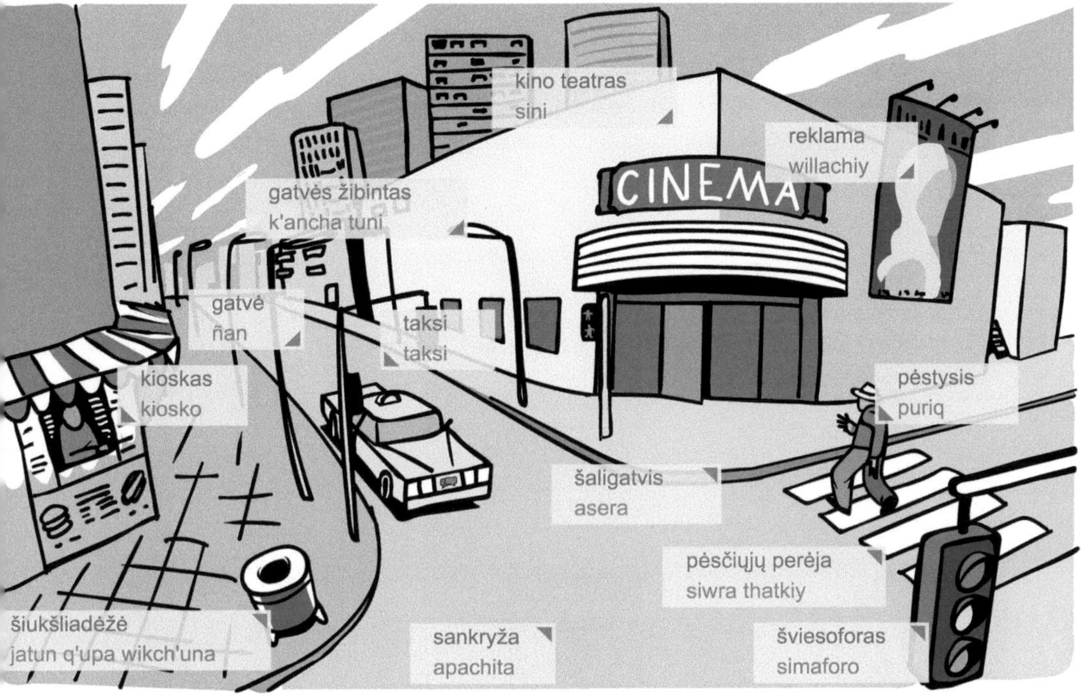

kino teatras
sini
CINEMA
reklama
willachiy
gatvės žibintas
k'ancha tuni
gatvė
ñan
taksi
taksi
kioskas
kiosko
pėstysis
puriq
šaligatvis
asera
pėsčiųjų perėja
siwra thatkiy
šiukšliadėžė
jatun q'upa wikch'una
sankryža
apachita
šviesoforas
simaforo

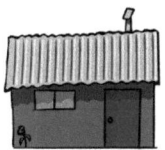

trobelė

ch'ullka

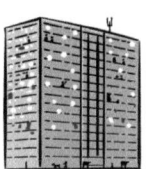

butas

apartamento

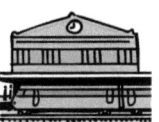

traukinių stotis

trin estasiun

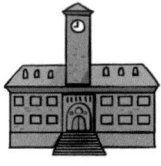

rotušė

tantanakuy wasi

MUSEUM

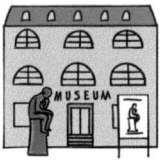

muziejus

rikuchina wasi

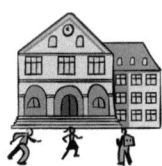

mokykla

yachay wasi

universitetas

Jatun yachaywasi

bankas

qullqi pirwa

ligoninė

Jampina wasi

viešbutis

tampu wasi

vaistinė

jampi ranqhana wasi

biuras

ujisina

knygynas

p'anqa pirwa

parduotuvė

tienda

gėlių parduotuvė

t'ika wasi

prekybos centras

jatun qhatu

turgus

qhatu

universalinė parduotuvė

jatun pirwa

žuvies parduotuvė

challwa wasi

prekybos centras

jatun rantina wasi

uostas

wamp'u qhispinan

parkas

jark'asqa chiqan

suoliukas

qullqi pirwa

tiltas

chaka

laiptai

wichana

metro

metro

tunelis

suqhu

autobusų stotelė

autuwus sayana

baras

bar

restoranas

mikhuna wasi

lauko pašto dėžutė

willa qillqa juch'uy wanqara

kelio ženklas

t'uqsi tuni

parkomatas

parkimetro

zoologijos sodas

jatun uywa kancha

baseinas

armakuna

mečetė

meskita

ūkininko ūkis

chakra wasi

tarša

pacha unquchiq

kapinės

Aya pampa

bažnyčia

iñiy wasi

žaidimų aikštelė

pukllana kancha

šventykla

Qhapana

kraštovaizdis
wanlla

lapas
raphi

kelio rodyklė
sanampa

kelias
ñan

pieva
waylla

akmuo
rumi

ėjikas
puriq runa

medis
sach'a

upė
mayu

žolė
sach'a

gėlė
t'ika

slėnis

qhichwa

kalva

muqu

eżeras

qucha

miškas

Sach'a sach'a

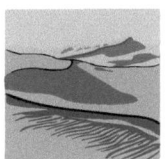

dykuma

purun

ugnikalnis

nina phuqchiq urqu

pilis

kastilla wasi

vaivorykštė

k'uychi

grybas

champiñun

palmė

chunta

uodas

ch'uspi

musė

ch'uspi

skruzdėlė

sik'imira

bitė

wara

voras

kusi kusi

vabalas
ch'iqi

varlė
k'ayra

voverė
artilla

ežys
askanku

kiškis
liwre

pelėda
ch'usiqa

paukštis
p'isqu

gulbė
yuku p'isqu

šernas
sintiru

elnias
sierwu

briedis
alsi

užtvanka
waykhasqa

vėjo jėgainė
wayrakallpa

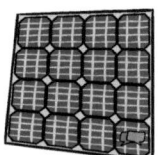

saulės baterija
inti panil

klimatas
pacha wayra

restoranas
mikhuna wasi

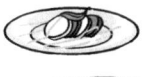

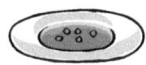

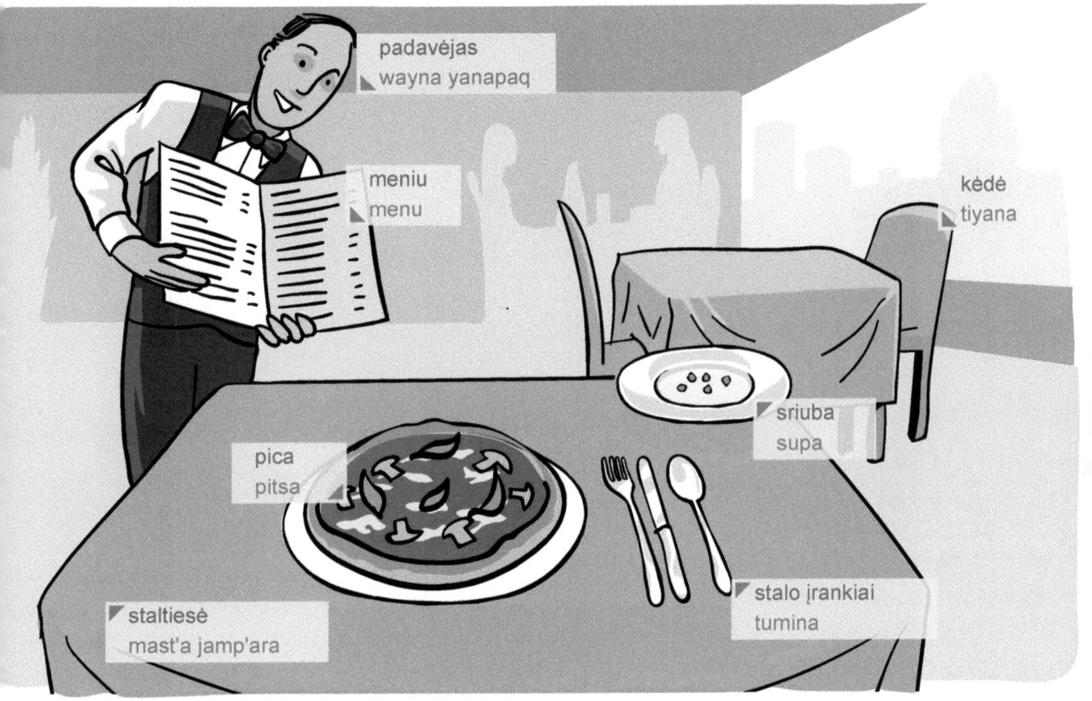
padavėjas
wayna yanapaq
meniu
menu
kėdė
tiyana
sriuba
supa
pica
pitsa
staltiesė
mast'a jamp'ara
stalo įrankiai
tumina

užkandis

ñawpaq mikhuna

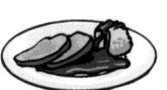

pagrindinis patiekalas

yari mikhuna

desertas

mikhuy yapa

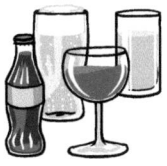

gėrimai

upyanakuna

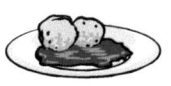

maistas

mikhuna

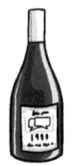

butelis

wutilla

greitai pateikiamas maistas

saqra ura

gatvės maistas

kalli mikhuna

arbatinukas

te churana

cukrinė

misk'i churana

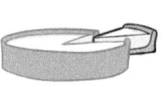

porcija

chhika

espreso aparatas

cajitira iksprisu

aukšta kėdė

jatun tiyana

sąskaita

yupay

padėklas

bandija

peilis

tumi

šakutė

tinidur

šaukštas

wislla uña

arbatinis šaukštelis

juch'uy wislla uña

servetėlė

simi pichana

stiklinė

qhispi akilla

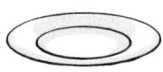

lėkštė

chuwa

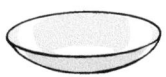

sriubos lėkštė

chuwa

padėklas

chuwa

padažas

salsa

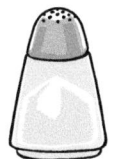

druskinė

kachi churana

pipirų malūnėlis

pimienta kutana

actas

k'allkucha

aliejus

llukllu

prieskoniai

ch'aki q'mirkuna

kečupas

ketchup

garstyčios

mostaza

majonezas

mayonisa

prekybos centras

jatun qhatu

specialus pasiūlymas
kusa ranqhanapaq
FOR
pirkėjas
rantiq
pieno produktai
willalli
vaisiai
puquy
troleibusas
rantina karro

BUTCHERS

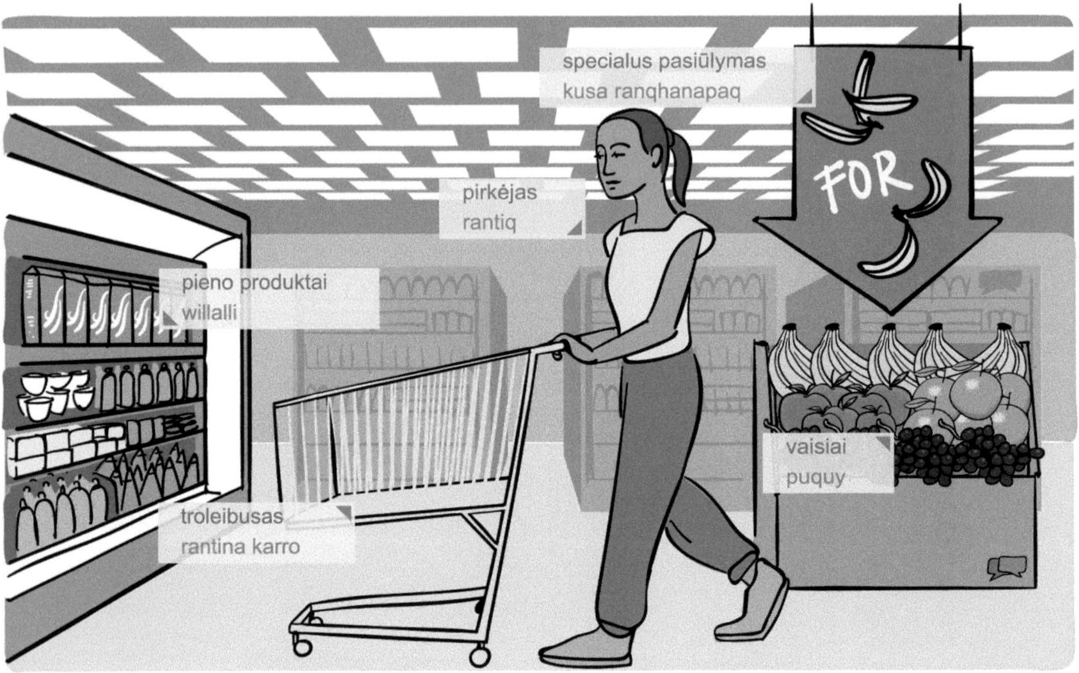

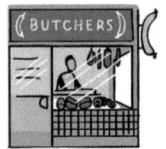

mėsos parduotuvė

aicha wasi

BAKERY

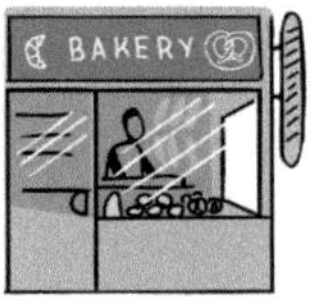

kepykla

t'anta wasi

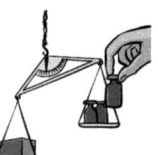

sverti

llasay

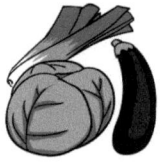

daržovės

q'umirkuna

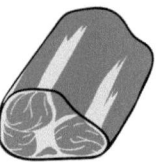

mėsa

aycha

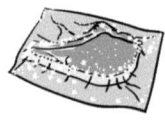

šaldytas maistas

chhullunka mikhuna

šalti mėsos užkandžiai

quqawi

konservai

mikhuna unaychasqa

skalbimo milteliai

ditirjinti

saldumynai

misk'ikuna

ūkinės prekės

wasimanta pruduktu

valymo priemonės

maylla produkto

pardavėja

ranqhaq

kasos aparatas

kartun p'uktaki

kasininkas

kajiru

pirkinių sąrašas

sinru qillqa rantina

darbo valandos

sumaq runa uyarina phani

piniginė

qullqi wayaqa

kreditinė kortelė

tarjita kriditumanta

maišelis

plastiko wayaqa

plastikinis maišelis

plastiku wayaqa

vanduo
yaku

sultys
jilli

pienas
ch'awa

kola
coca cola

vynas
vino

alus
sirwisa

alkoholis
alkula

kakava
kakawu

arbata
te

kava
caji

espresas
ieksprisu

kapučinas
capuchinu

bananas
....
platanu

obuolys
....
mansana

apelsinas
....
laranja

arbūzas
....
milun

citrina
....
limun

morka
....
sanawrya

česnakas
....
aju

bambukas
....
wamwu

svogūnas
....
siwulla

grybas
....
champiñun

riešutai
....
awillana

makaronai
....
jirius

spagečiai

ispawiti

ryžiai

arrus

salotos

sarsa

traškučiai

papa kanka

keptos bulvės

papa kanka

pica

pitsa

mėsainis

amwirkisa

sumuštinis

sanwich

pjausnys

jiliti

kumpis

jamun

saliamis

salami

dešrelė

salchicha

vištiena

chichilu

kepsnys

aycha kanka

žuvis

challwa

avižų dribsniai

p'aqa awina

dribsniai su priedais

muesli

kukurūzų dribsniai

p'aqa sara

miltai

jak'u

prancūziškasis ragelis

krwasan

bandelė

k'awka

duona

t'anta

skrebutis

t'anta jamk'a

sausainiai

khamuna

sviestas

mantikilla

varškė

ñuqñu

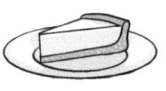

tortas

pastil

kiaušinis

runtu

kiaušinienė

runtu kanka

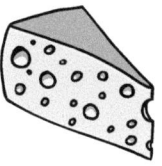

sūris

masara

ledai

chullunka misk'i

cukrus

misk'i

medus

wayrunq'u misk'i

uogienė

mirmilara

tepamas šokoladas

krima turrunmanta

karis

kurri

ūkininko ūkis
chakra wasi

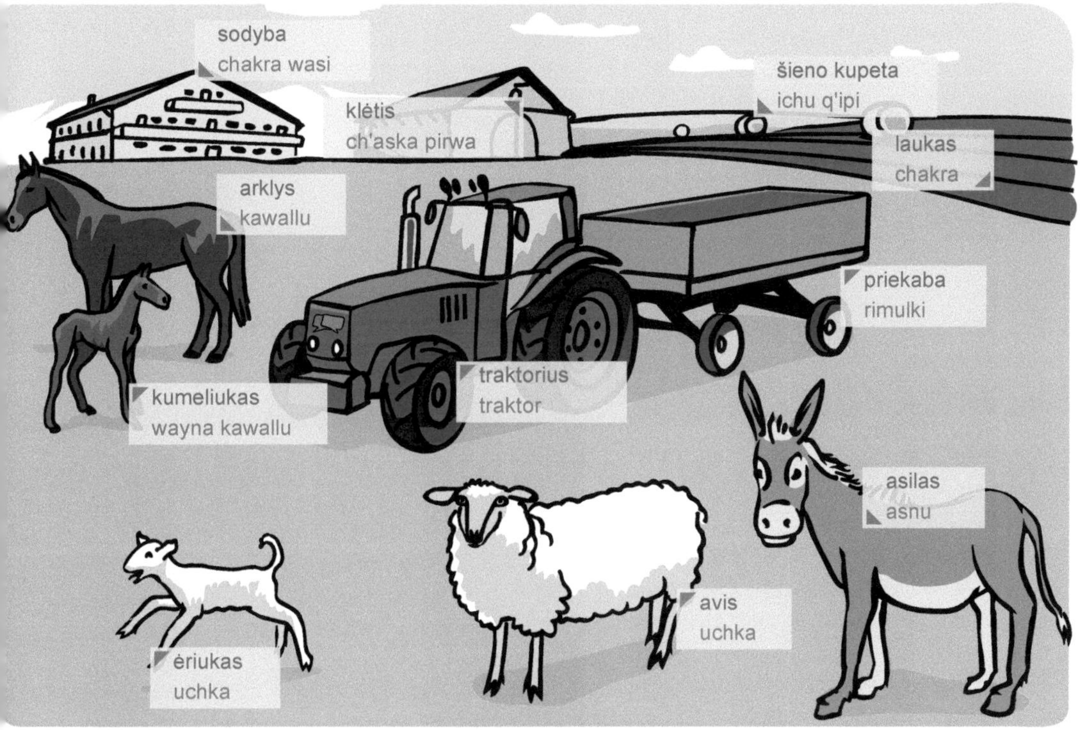
sodyba
chakra wasi
klėtis
ch'aska pirwa
šieno kupeta
ichu q'ipi
laukas
chakra
arklys
kawallu
priekaba
rimulki
traktorius
traktor
kumeliukas
wayna kawallu
asilas
asnu
avis
uchka
ėriukas
uchka

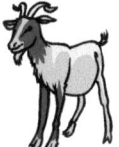

ožys

karwa

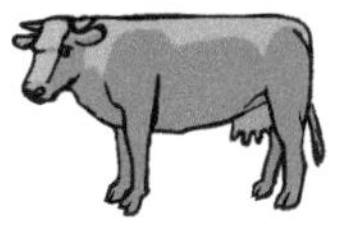

karvė

waka

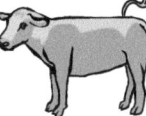

veršis

waka uña

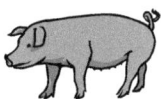

kiaulė

khuchi

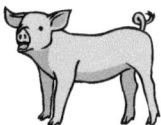

paršelis

khuchi uña

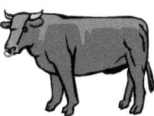

bulius

turu

žąsis

wallata

antis

pili

viščiukas

chchilu

višta

wallpa

gaidys

k'anka

žiurkė

jatun juk'ucha

katė

misi/michi

pelė

juk'ucha

jautis

turu

šuo

alqu

šuns būda

alquwasi

sodo namas

mankira

laistytuvas

qarpana jalp'a

dalgis

rutuna

plūgas

taklla

pjautuvas

rutuna

kauptukas

liwk'ana

šakės

sipina

kirvis

ayri

statinė

kapachu

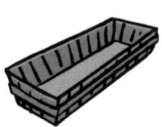

lovys

yaku upyana

bidonas

willalli purunku

maišas

jatun wayaqa

tvora

jark'aq ch'ipa

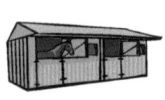

arklidė

kancha wasi

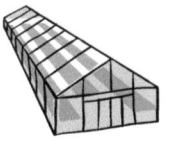

šiltnamis

inwirnadiru

dirva

pampa

sėkla

muju

trąšos

wanu

kombainas

makina allana

rinkti

allay

derlius

allay

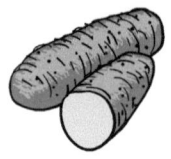

saldžiosios bulvės

ñame

kviečiai

tiriwu

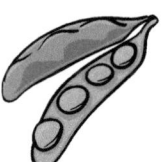

soja

soya

bulvė

papa

kukurūzai

sara

rapsai

kulsa luru

vaismedis

wayu sach'a

manijokas

mandiuka

grūdai

ch'aki puquy

namas
wasi

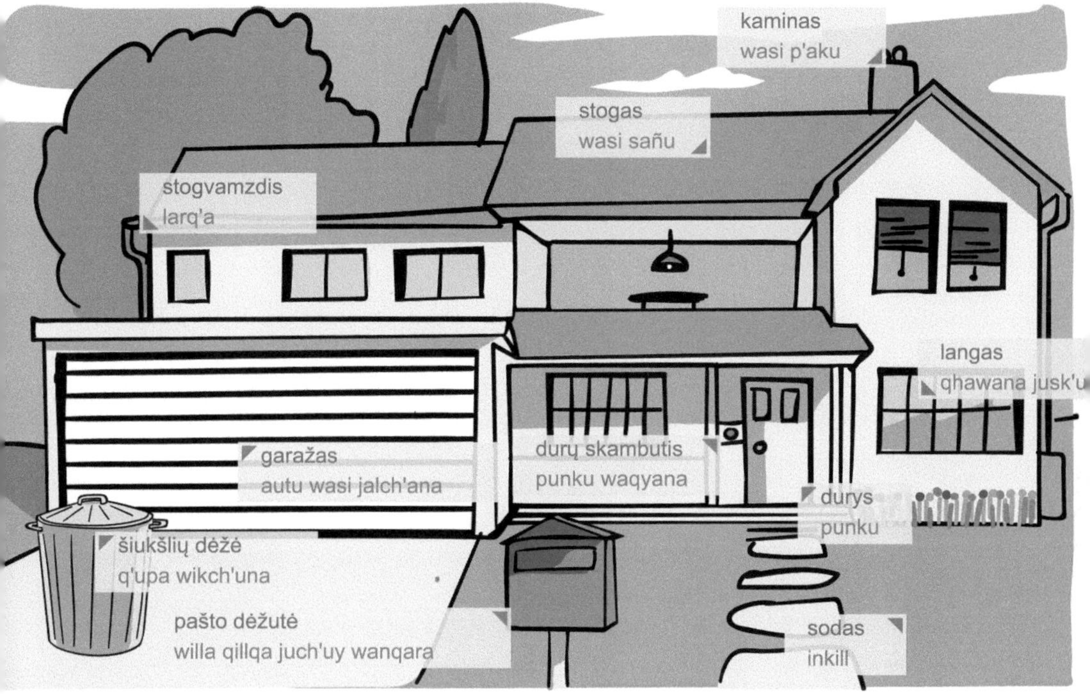
kaminas
wasi p'aku
stogas
wasi sañu
stogvamzdis
larq'a
langas
qhawana jusk'u
garažas
autu wasi jalch'ana
durų skambutis
punku waqyana
durys
punku
šiukšlių dėžė
q'upa wikch'una
pašto dėžutė
willa qillqa juch'uy wanqara
sodas
inkill

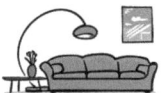

svetainė

k'illi wanlla

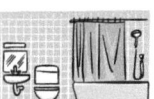

vonios kambarys

akana wasi

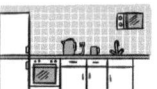

virtuvė

wayk'una wasi

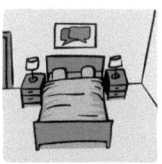

miegamasis

puñuna wasi

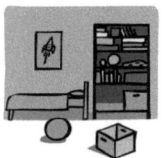

vaiko kambarys

wawa k'uchu

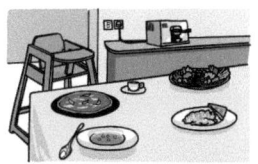

valgomasis

mikhuna k'uchu

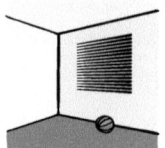

grindys

pampa

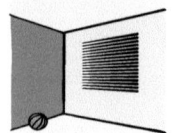

siena

pirqa

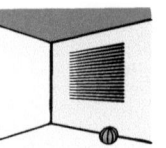

lubos

wasip khatan

rūsys

wasi ukhun

sauna

sawna

balkonas

walkun

terasa

pirqa

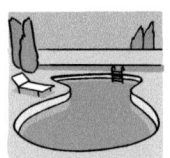

baseinas

armakuna

žoliapjovė

k'achina

paklodė

iqana

lovatiesė

khatana

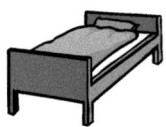

lova

puñuna

šluota

pichana

kibiras

yaku aysana

jungiklis

k'ancha jap'ichiq

svetainė

k'illi wanlla

tapetai
raphi llimp'isqa
nuotrauka
lanti
šviestuvas
k'anchana
lentyna
p'anqa jallch'ana
spintelė
churakuna
televizorius
tele
židinys
wasi p'aku
gėlė
t'ika
pagalvėlė
sawna
sofa
sufa
vaza
p'uñu
nuotolinio valdymo pultelis
kuntrul remoto

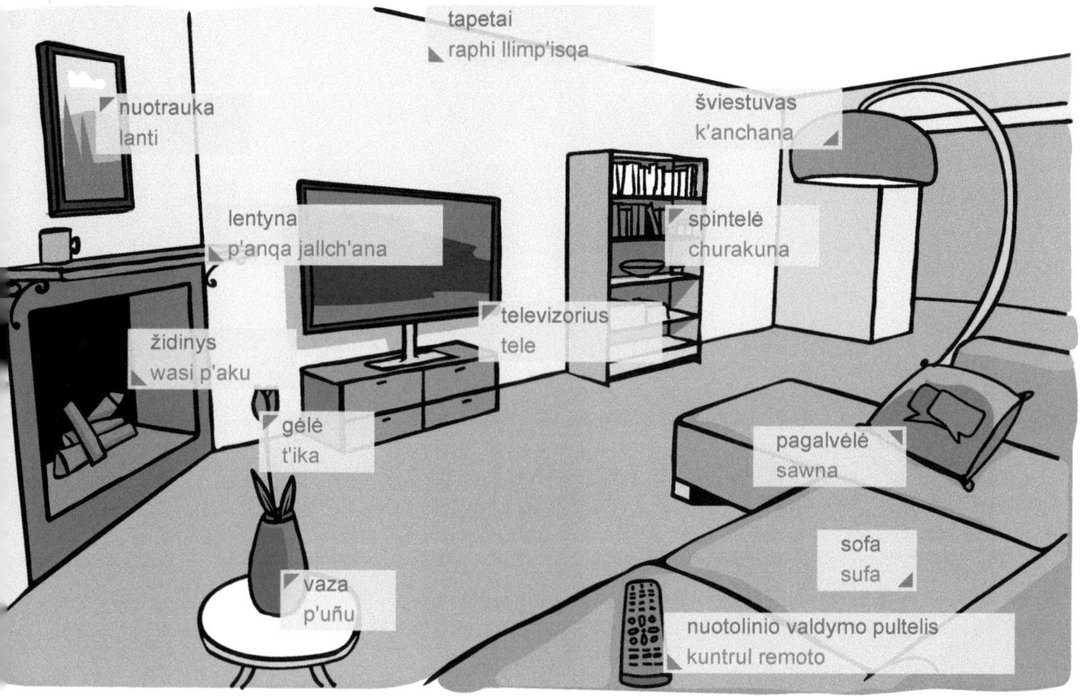

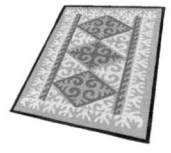

kilimas

pampa mast'ana

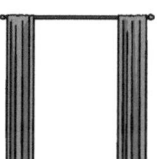

užuolaida

arapa

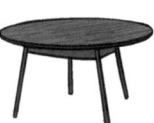

stalas

jamp'ara

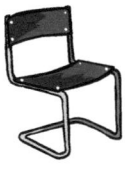

kėdė

tiyana

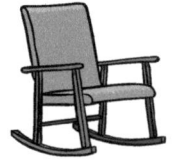

supamasis krėslas

chhuku tiyana

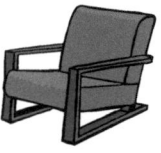

fotelis

kirana

knyga

p'anqa

antklodė

mast'a

papuošimai

t'ikanchay

malkos

llamt'a

filmas

pelikula

stereo aparatūra

takina ekipu

raktas

ch'atana

laikraštis

mit'awa

paveikslas

llimp'i

plakatas

poster

radijas

wayra simi

užrašų knygelė

qillqana p'anqa

dulkių siurblys

aspiradora

kaktusas

pukru

žvakė

ispilma

virtuvė
wayk'una wasi

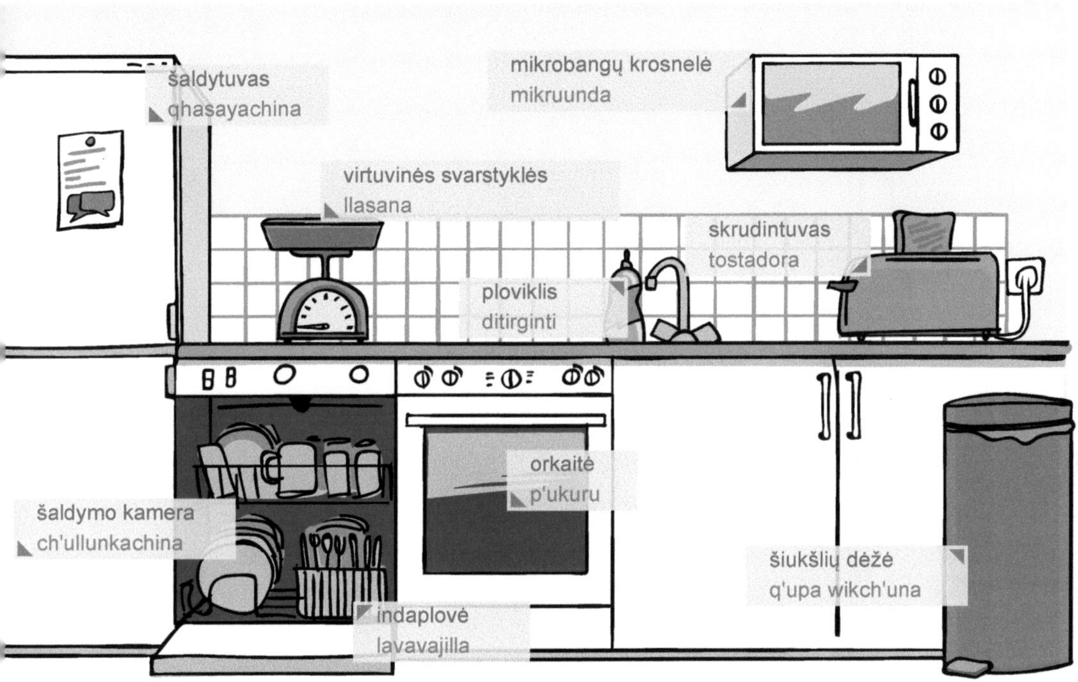
šaldytuvas
qhasayachina
mikrobangų krosnelė
mikruunda
virtuvinės svarstyklės
llasana
skrudintuvas
tostadora
ploviklis
ditirginti
orkaitė
p'ukuru
šaldymo kamera
ch'ullunkachina
šiukšlių dėžė
q'upa wikch'una
indaplovė
lavavajilla

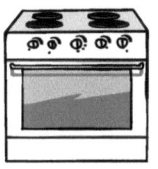

viryklė
presiun manka

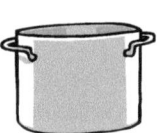

puodas
manka

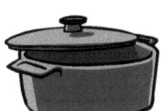

ketaus puodas
q'illa manka

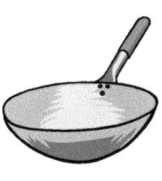

„wok“ keptuvė
wok

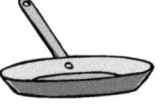

keptuvė
payla

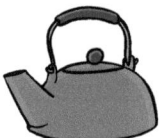

virdulys
thimpuchina

garų puodas
....
wapsina

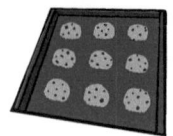

kepimo skarda
....
p'ukuru punku

porceliano indai
....
vajilla

puodelis
....
tasa

dubuo
....
tason

valgomosios lazdelės
....
palillo

samtis
....
wislla

mentelė
....
phusuqa urquna

plaktuvas
....
qaywina

koštuvas
....
isanka

sietas
....
suysuna

trintuvė
....
thupana

grūstuvė
....
kutana

kepsninė
....
kawitu

atvira liepsna
....
nina jap'ichina

pjaustymo lentelė

k'ullu kuchunapaq

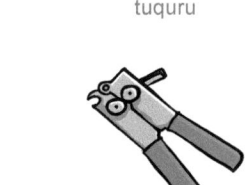

kočėlas

tuquru

kamščiatraukis

sacacurchu

skardinė

lata

skardinių atidarytuvas

lata kichana

puodkėlė

jap'ina

kriauklė

chuwa mayllana

šepetys

sipillu

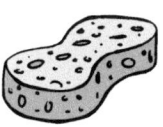

kempinė

ispunja

trintuvas

watidora

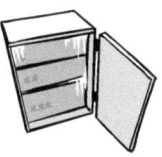

šaldiklis

ch'ullunkachina

kūdikių buteliukas

biberon

čiaupas

grifo

vonios kambarys
akana wasi

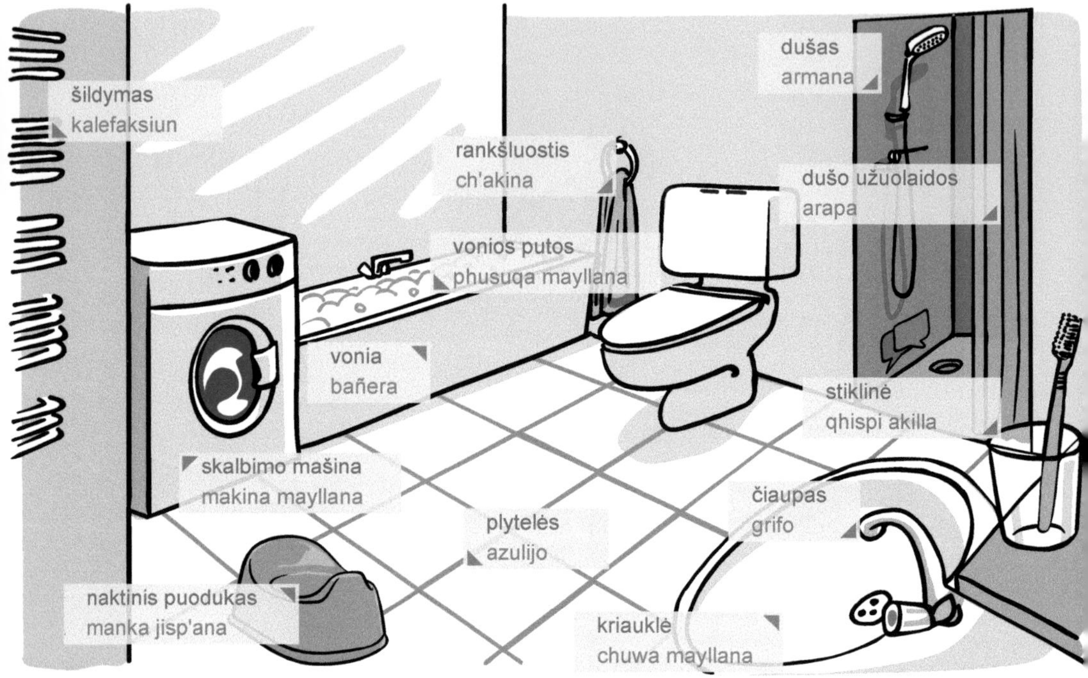

šildymas
kalefaksiun
rankšluostis
ch'akina
dušas
armana
dušo užuolaidos
arapa
vonios putos
phusuqa mayllana
vonia
bañera
stiklinė
qhispi akilla
skalbimo mašina
makina mayllana
čiaupas
grifo
plytelės
azulijo
naktinis puodukas
manka jisp'ana
kriauklė
chuwa mayllana

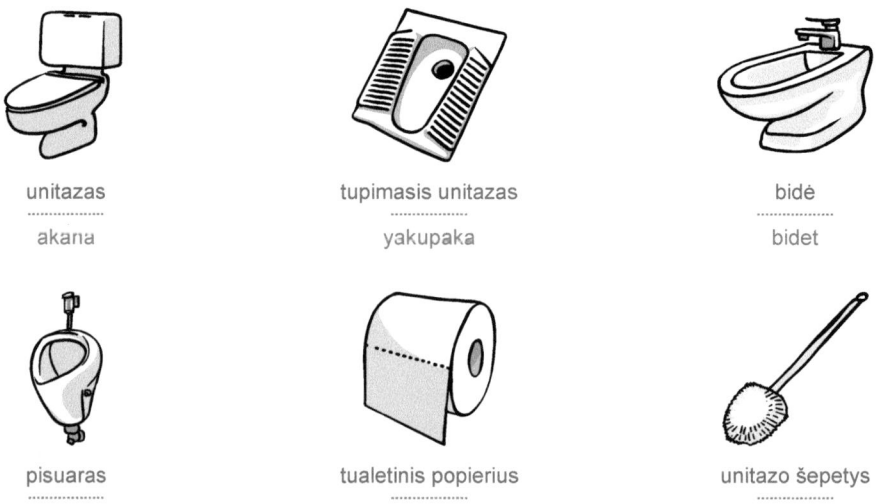

unitazas
akana

tupimasis unitazas
yakupaka

bidė
bidet

pisuaras
jisp'ana

tualetinis popierius
papel higieniku

unitazo šepetys
water pichana

dantų šepetėlis

kiru khituna

dantų pasta

kiru pasta

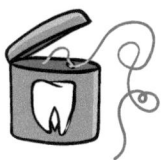

dantų siūlas

kiru q'aytu

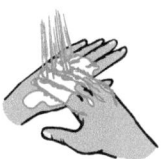

plauti

mayllay

dušo galvutė

armana makiwan

higieninis dušas

armana

praustuvas

pila

nugaros plaušinė

wasa cepillo

muilas

t'arta

dušo želė

llukllu armanapaq

šampūnas

champu

plaušinė

ch'akina

kanalizacija

ch'chi yaku wikch'una

kremas

krima

dezodorantas

kuntu wayllak'upaq

veidrodis

qhispi

veidrodėlis

qhawakunaqhispi

skustuvas

mumikuna

skutimosi putos

phusuqu mumikunapaq

losjonas po skutimosi

lusiun mumikunapaq

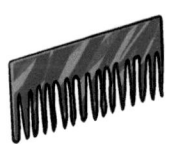

šukos

sikrana

šepetys

kuiru khituna

plaukų džiovintuvas

sekadora

plaukų lakas

ispray

makiažas

makillaji

lūpdažis

simi llimp'ina

nagų lakas

llimp'i sillu

vata

ampi

žirklutės nagams

sillu k'utuna

kvepalai

untu

maišelis skalbiniams

wayaqa ch'usanapaq

taburetė

chukuna

svarstyklės

aysana

chalatas

bata

guminės pirštinės

maki wayaqa gumamanta

tamponas

tampon

higieninis įklotas

raphi ch'akina

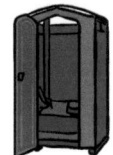

biotualetas

akanapaq tiyana kimiku

vaiko kambarys
wawa k'uchu

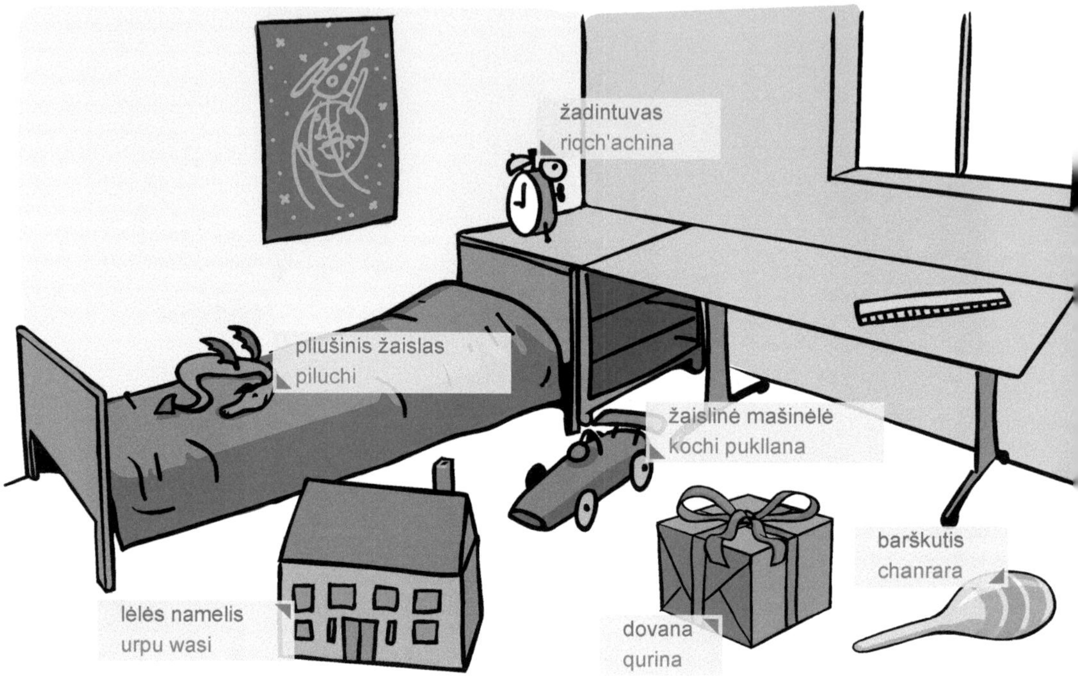

žadintuvas
riqch'achina
pliušinis žaislas
piluchi
žaislinė mašinėlė
kochi pukllana
barškutis
chanrara
lėlės namelis
urpu wasi
dovana
qurina

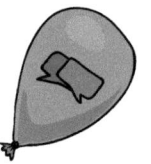

balionas

phuyu phuku

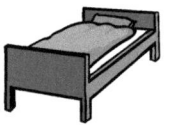

lova

puñuna

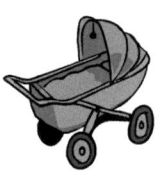

vaikiškas vežimėlis

wawa kochi

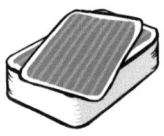

kortų malka

naypi

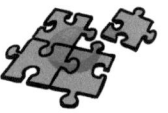

delionė

pusli

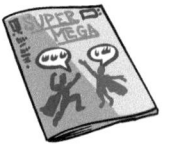

komiksai

riwista

lego kaladėlės

legukuna

žaislinės kaladėlės

wluki pukllana

figūrėlė

figura aksionmanta

šliaužtinukai

wuri wawapaq

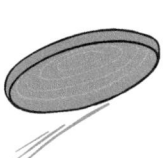

mėtymo lėkštė

friswi

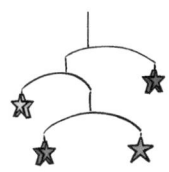

karuselė

wawa marq'a

stalo žaidimas

jamp'ara pukllana

kauliukai

dado

žaislinis traukinys

trin iliktriko purina

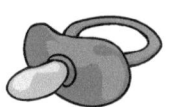

žindukas

maniki

vakarėlis

raymi

paveiksliukų knygelė

futu p'anqa

kamuolys

p'ulu

lėlė

urpu

žaisti

pukllay

smėlio dėžė

t'iyu p'utaki

sūpynės

wallunk'a

žaislai

pukllana

žaidimų konsolė

wiriukunsula

triratukas

trisiklu

meškiukas

jukumari pukllana

drabužių spinta

p'acha jallch'ana

drabužis

p'acha

kojinės

chakiwayaqa

kojinės virš kelių

chakiwayaqa qharipaq

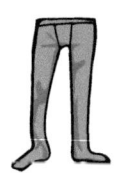

pėdkelnės

chakiwayaqa

šalikas
chalina

skėtis
parawa

diržas
chunpi

marškinėliai
kamisita

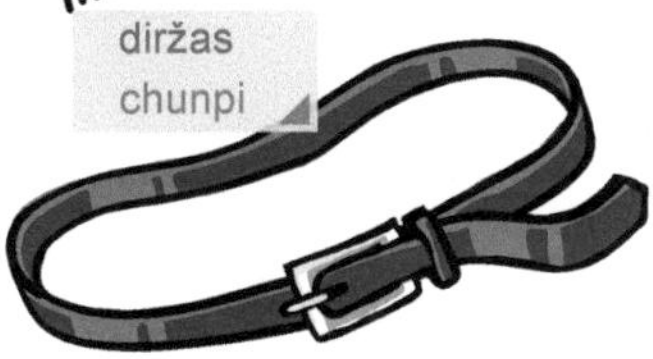

sportbačiai
tinis

ilgaauliai batai
wutakuna

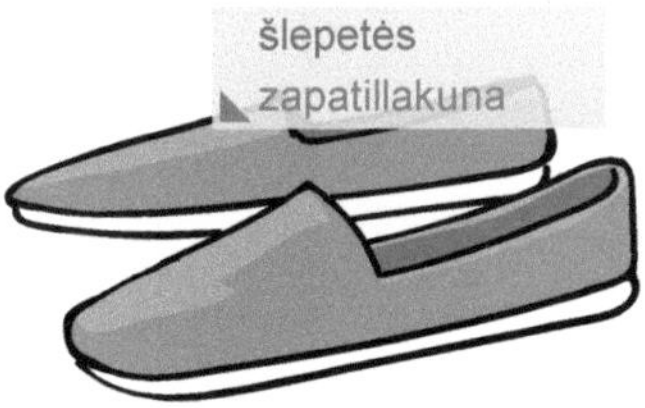

šlepetės
zapatillakuna

sandalai
llanq'i

batai
phapatukuna

guminiai batai
wutakuna parapaq

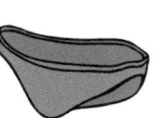

trumpikės
ukhu p'acha

liemenėlė
sustin

liemenė
chaliku

glaustinukė

wuri

kelnės

pantalu kurtu

džinsai

wakiru

sijonas

arphi

palaidinė

wulusa

marškiniai

kamisa

megztinis

chumpa

megztinis su gobtuvu

chumpa

švarkelis

blazer

švarkas

chakita

paltas

qhata

lietpaltis

yawardina

kostiumas

traji

suknelė

wistiru

vestuvinė suknelė

wistiru nowiamanta

kostiumas

traji

naktiniai marškiniai

kamisun

pižama

piyama

saris

sari

skarelė

wandana

tiurbanas

turbante

burka

burka

kaftanas

kaftan

abaja

abaya

maudymosi kostiumėlis

traje mayllakunapaq

glaudės

p'acha mayllakunpaq

šortai

kurtu

sportinis kostiumas

p'acha tukuy p'unchawpaq

prijuostė

dilantal

pirštinės

makiwayaqa

saga

ch'itana

akiniai

gafakuna

apyrankė

maki watana

vėrinys

wallqa

žiedas

siwi

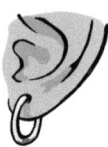

auskaras

linri quri

kepurė

q'aspa

pakabas

p'acha warkhuna

skrybėlė

chharara

kaklaraištis

kurbata

užtrauktukas

pantalu wisk'ana

šalmas

kasku

breketai

tirantikuna

mokyklinė uniforma

uniforme

uniforma

uniformi

seilinukas
llawsanapaq

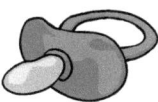

žindukas
maniki

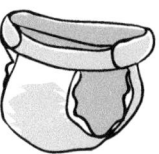

vystyklai
jananta

biuras
ujisina

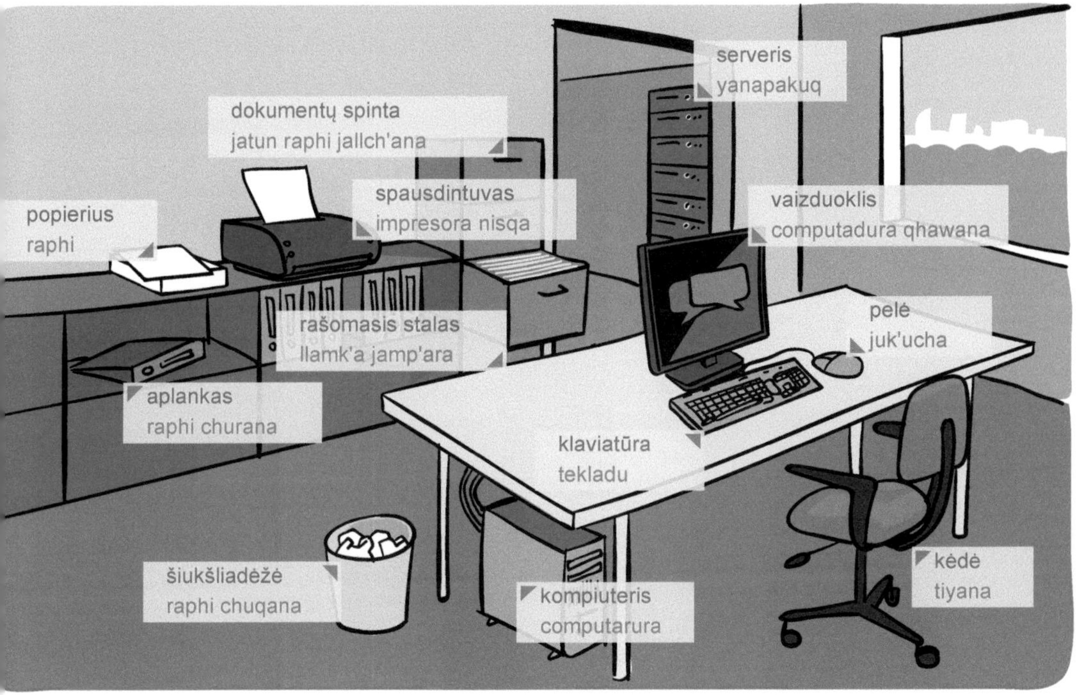

serveris
yanapakuq

dokumentų spinta
jatun raphi jallch'ana

spausdintuvas
impresora nisqa

popierius
raphi

vaizduoklis
computadura qhawana

pelė
juk'ucha

rašomasis stalas
llamk'a jamp'ara

aplankas
raphi churana

klaviatūra
tekladu

šiukšliadėžė
raphi chuqana

kompiuteris
computarura

kėdė
tiyana

kavos puodelis
tasa cajimanta

kalkuliatorius
calcularura

internetas
intirnit

nešiojamasis kompiuteris

laptop

laiškas

chaki qillqa

žinutė

willachiy

mobilusis telefonas

silular

tinklas

red

fotokopijavimo aparatas

futukopia

programinė įranga

software

telefonas

tilijunu

kištukinis lizdas

toma corriente

faksas

faks

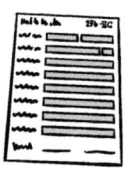

forma

jurmulario

dokumentas

asuy qillqa

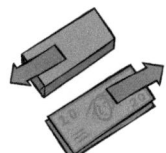

pirkti
ranqhay

mokėti
qupuy

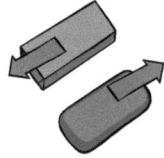

prekiauti
ranqhay

pinigai
qullqi

 USD

doleris
dólar qullqi

 EUR

euras
iwro qullqi

 JPY

jena
yen qullqi

 RUB

rublis
ruwlu qullqi

 CHF

Šveicarijos frankas
juranku swisu qullqi

 CNY

juanis
rinminwi qullqi

 INR

rupija
rupia qullqi

bankomatas
kajiru awtumatiku

valiutos keitykla

qullqi rantina wasi

auksas

quri

sidabras

qullqi

nafta

pitruliu

energija

kallpa

kaina

yupa

sutartis

mink'ay

mokestis

impuistu

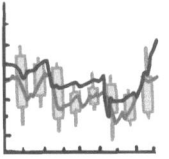

akcijos

aksiun

dirbti

llamk'ay

darbuotojas

llamk'achiq

darbdavys

llamk'achiq

gamykla

puquchiy kiti

parduotuvė

tienda

profesijos
llamk'aykuna

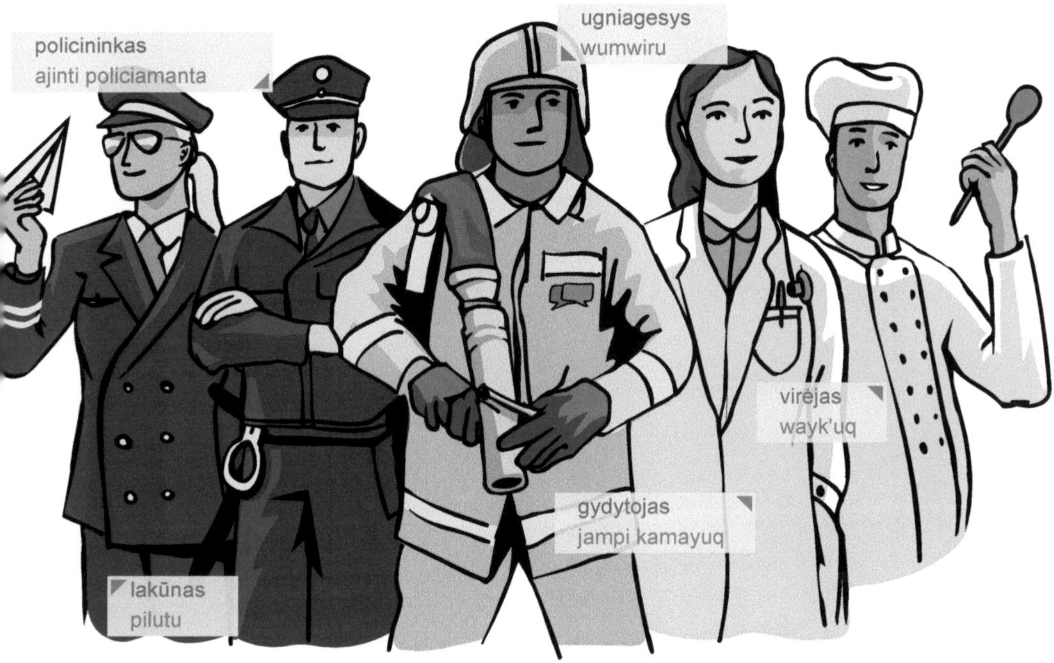

policininkas
ajinti policiamanta
ugniagesys
wumwiru
virėjas
wayk'uq
gydytojas
jampi kamayuq
lakūnas
pilutu

sodininkas

inkill kamayuq

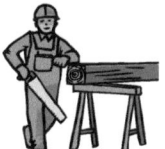

stalius

llaqllaykamayuq

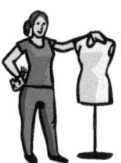

siuvėja

siraykamayuq

teisėjas

khuskachaq

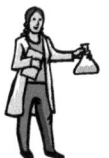

chemikas

jampi ranqhaq

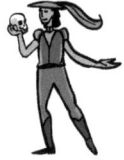

aktorius

aranwaq

autobuso vairuotojas

awtuwus q'iwiq

taksi vairuotojas

taksi q'iwiq

žvejys

challwakamayuq

valytoja

pichaq

stogdengys

wasip qhatan

padavėjas

wayna yanapaq

medžiotojas

chakuykamayuq

dailininkas

llimp'iq

kepėjas

t'antiri

elektrikas

iliktrisista

statybininkas

llam'kaq

inžinierius

k'llikacha

mėsininkas

ñak'aq

santechnikas

yaku kamayuq

paštininkas

qillqa apaq

kareivis

awqakuq

architektas

wasikamayuq

kasininkas

kajiru

gėlininkas

t'ikachaq

kirpėjas

chukcharutuq

konduktorius

q'iwichiq

mechanikas

mikaniku

kapitonas

wamink'a

odontologas

kirukamayuq

mokslininkas

jamawt'a

rabinas

rawinu

imamas

k'askachimuq

vienuolis

munji

kunigas

tata kura

įrankiai
ruk'awi

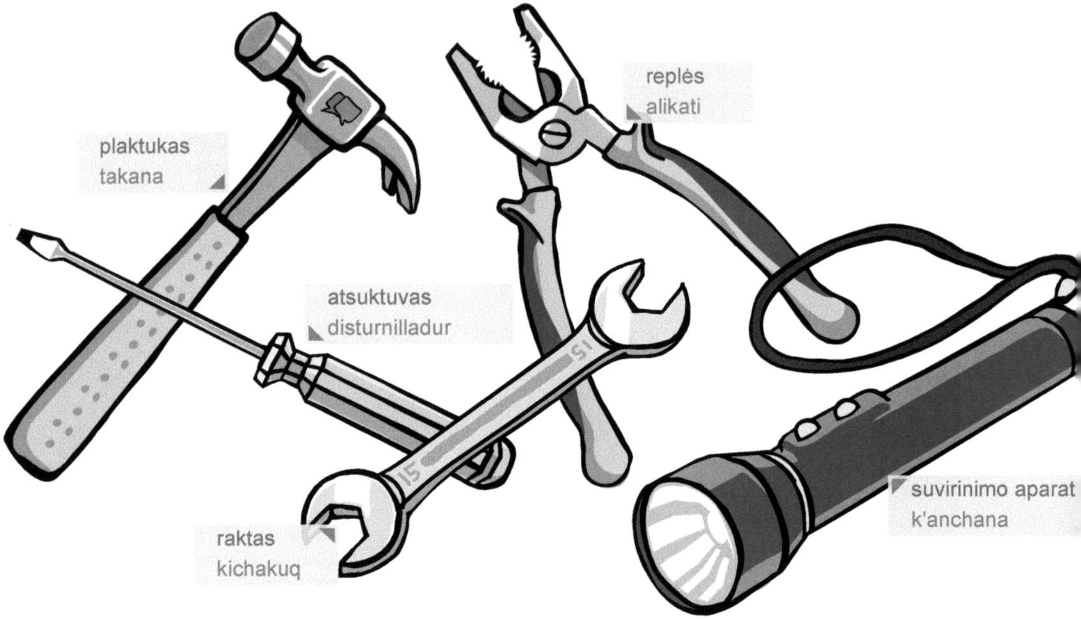

replės
alikati
plaktukas
takana
atsuktuvas
disturnilladur
suvirinimo aparat
k'anchana
raktas
kichakuq

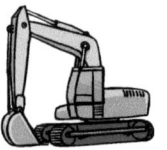

ekskavatorius

ikskawadura

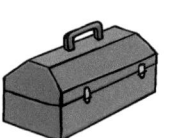

įrankių dėžė

ruk'awi p'uktaki

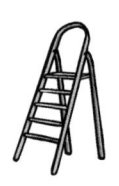

kopėčios

wichana makiyuq

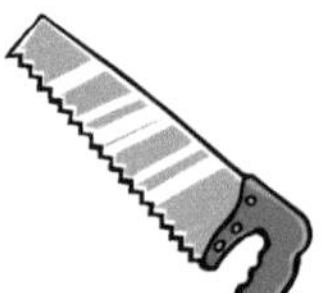

pjūklas

sierra

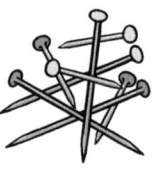

vinys

takarpu

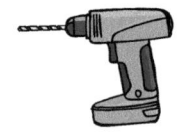

grąžtas

talaru

taisyti
allinchay

kastuvas
lampa

Velniava!
¡Supay apachun!

semtuvėlis
q'upa tantana

dažų skardinė
llimp'i churana

varžtai
turnillukuna

muzikos instrumentai
takichiy nakuna

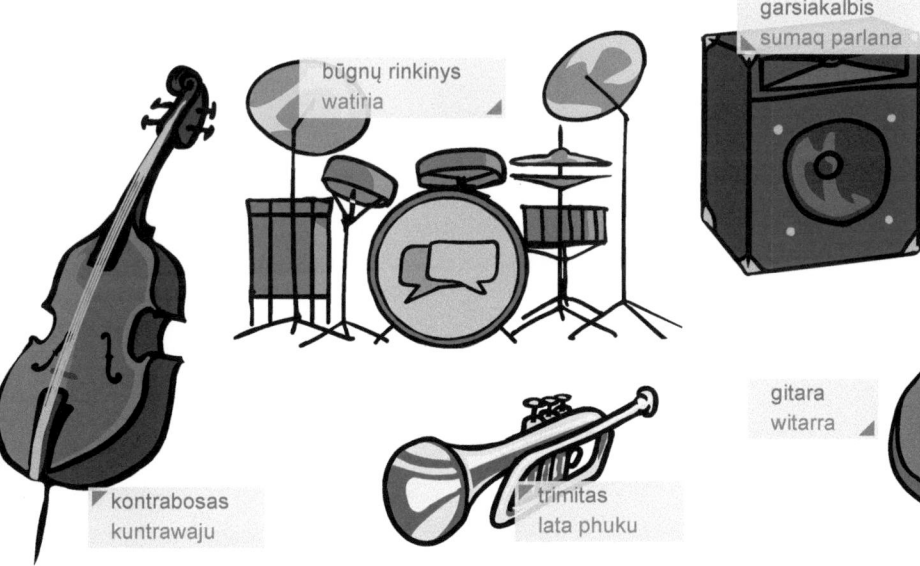

būgnų rinkinys
watiria

garsiakalbis
sumaq parlana

gitara
witarra

kontrabosas
kuntrawaju

trimitas
lata phuku

pianinas

pianu

smuikas

wiulin

bosinė gitara

waju

timpanas

tinwalis

būgnai

wankar

sintezatorius

tikladu

saksofonas

saksu

fleita

phukuna

mikrofonas

mikrufunu

zoologijos sodas
jatun uywa kancha

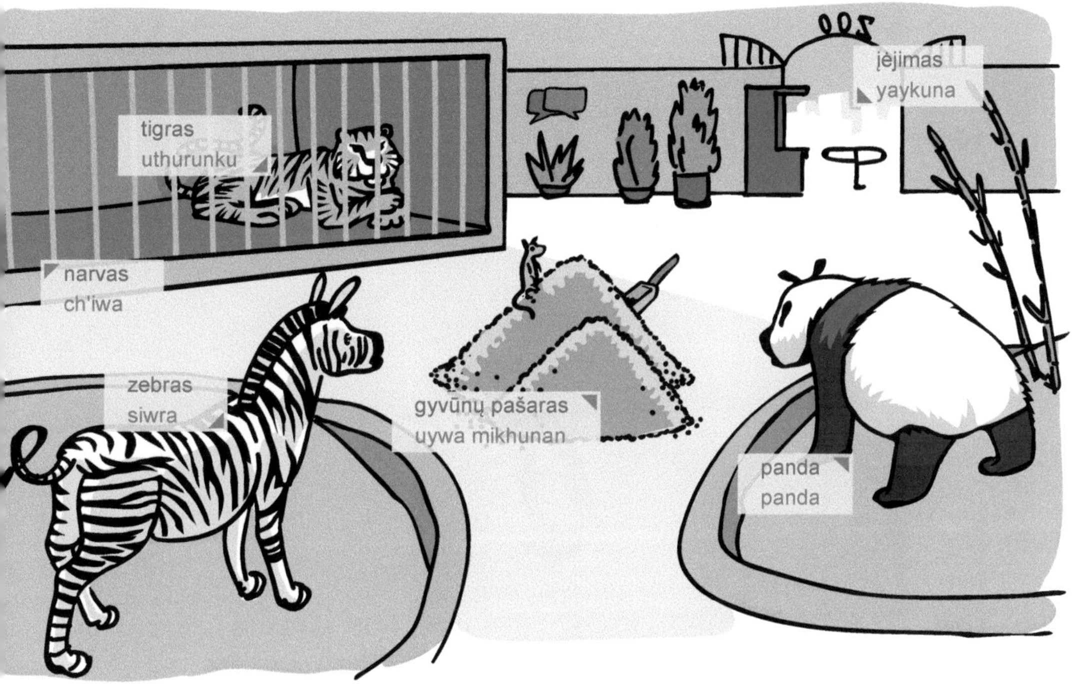
įėjimas
yaykuna
tigras
uthurunku
narvas
ch'iwa
zebras
siwra
gyvūnų pašaras
uywa mikhunan
panda
panda

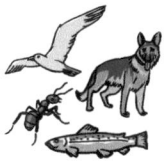

gyvūnai

uywa

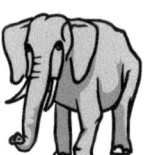

dramblys

ilijanti

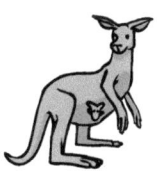

kengūra

kanguru

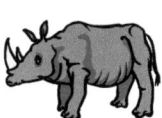

raganosis

rinusirunti

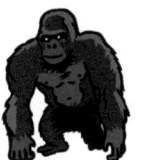

gorila

gurila

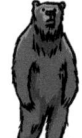

meška

jukumari

kupranugaris

kamillu

strutis

suri

liūtas

puma

beždžionė

k'usillu

flamingas

pariwana

papūga

q'ichichi

baltoji meška

pular jukumari

pingvinas

pinwinu

ryklys

tiwurun

povas

pawu

gyvatė

katari

krokodilas

kukuwurilu

zoologijos sodo prižiūrėtojas

jatun uywa kancha arariwa

ruonis

fuka

jaguaras

uthurunku

ponis

puni

leopardas

lliwpardu

begemotas

hipuputamu

žirafa

jirafa

erelis

anka

šernas

sintiru

žuvis

challwa

vėžlys

turtuga

vėplys

mursa

lapė

atuq

gazelė

gacila

amerikietiškas futbolas
amerikanu papawki pukllay

dviračių sportas
siklu rumpiy

tenisas
tenis

krepšinis
isanka papawki

plaukimas
wat'aku

boksas
ñuk'anaku

ledo ritulys
joki

futbolas	badmintonas	atletika
papawki pukllay	watmintun	lanlak

rankinis	slidinėjimas	polas
kakcha	iski	pulu

šokinėti
phinkiy

apkabinti
mak'alliy

juoktis
asiy

vaikščioti
puriy

dainuoti
takiy

svajoti
musquy

melstis
mañakuy

bučiuoti
much'ay

rašyti	piešti	rodyti
qillqay	t'iktuy	qhawachiy

stumti	duoti	imti
tanqay	quy	uqhariy

turėti

yuq

daryti

ruway

būti

kay

stovėti

sayay

bėgti

t'ijuy

traukti

chuqay

mesti

chuqay

kristi

urmay

meluoti

siriy

laukti

suyay

nešti

apay

sėdėti

chukuchiy

rengtis

p'achachakuy

miegoti

puñuy

pabusti

rikch'ay

žiūrėti

qhaway

verkti

waqay

glostyti

waylluy

šukuoti

sikray

kalbėti

rimay

suprasti

unanchay

paklausti

tapuy

klausytis

uyariy

gerti

upyay

valgyti

mikhuy

tvarkytis

kamachiy

mylėti

khuyay

gaminti

wayk'uy

vairuoti

q'iwiy

skristi

phaway

buriuoti

wamp'uy

skaičiuoti

yupanchay

skaityti

ñawiriy

mokytis

yachay

dirbti

llamk'ay

vesti

sawaray

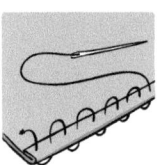

siūti

siray

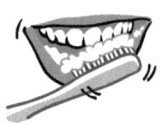

valytis dantis

kiru khitukuy

žudyti

wanchiy

rūkyti

pitay

siųsti

kachay

šeima
yawar masikuna

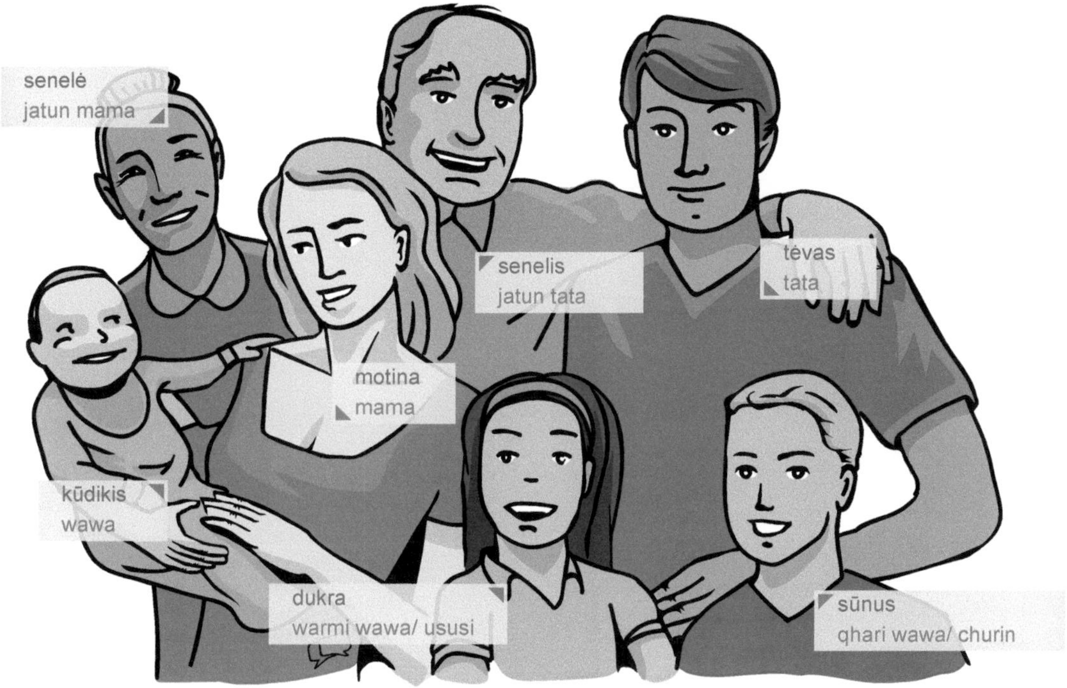
senelė
jatun mama
senelis
jatun tata
tėvas
tata
motina
mama
kūdikis
wawa
dukra
warmi wawa/ ususi
sūnus
qhari wawa/ churin

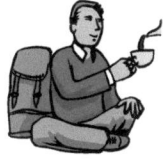

svečias
jamuynisqa

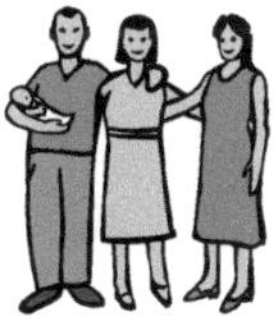
teta
ipa

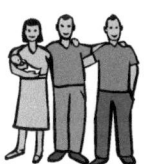

dėdė
kaki

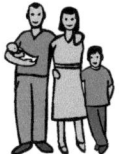

brolis
tura/wawqi

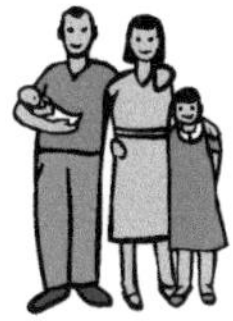
sesuo
ñaña/pana

kūnas

uqhu

kakta
mat'i
akis
ñawi
petys
likra
pirštas
ruk'ana
veidas
uya
smakras
sunkha
plaštaka
maki
koja
t'usu
krūtinė
qhasqu
ranka
likra

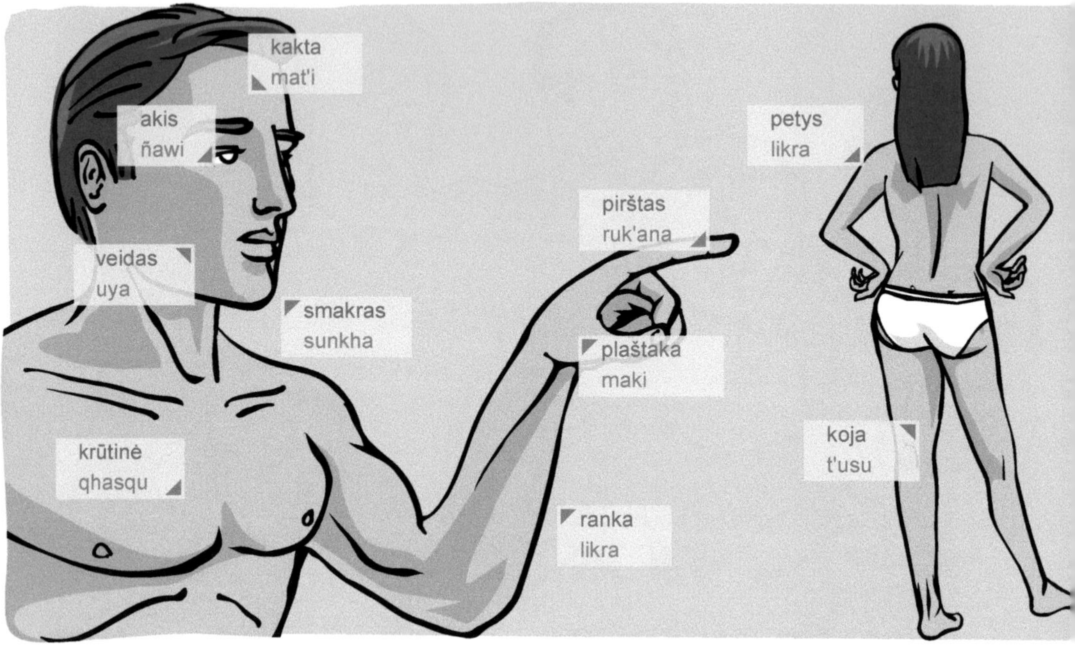

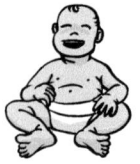

kūdikis

wawa

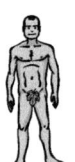

vyras

qhari

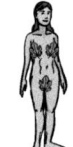

moteris

warmi

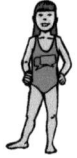

mergaitė

sipas

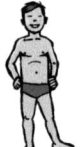

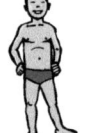

berniukas

yuqalla

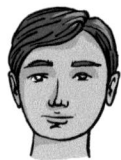

galva

uma

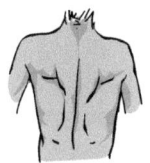

nugara

wasa

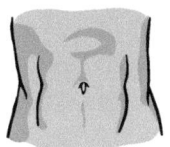

pilvas

wisa ukhu

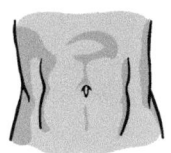

bamba

pupu

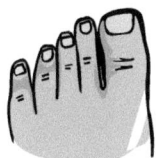

kojos pirštas

ruk'ana

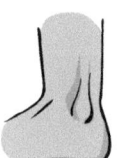

kulnas

takillpa

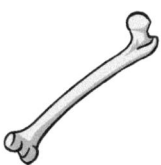

kaulas

tullu

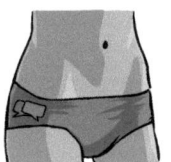

klubas

chaka

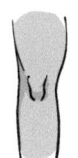

kelis

muqu

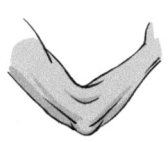

alkūnė

maki muqu

nosis

sinqa

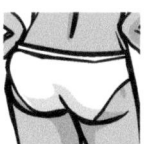

sėdmenys

siki

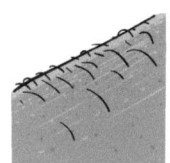

oda

qara

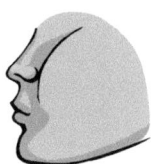

skruostas

k'aqlla

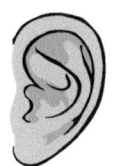

ausis

linri

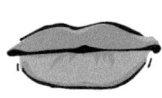

lūpa

sipri

burna

simi

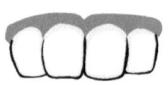

dantis

kiru

liežuvis

qallu

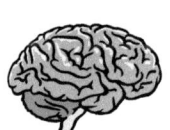

smegenys

ñuqtu

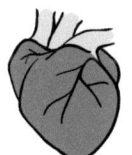
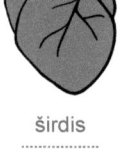

širdis

sunqu

raumuo

mach'i

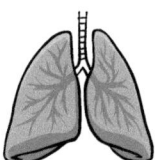

plaučiai

surq'an

kepenys

k'iwicha

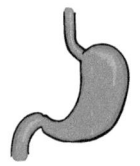

skrandis

wisa

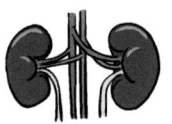

inkstai

wasa ruru

seksas

lluq'anaku

prezervatyvas

condon

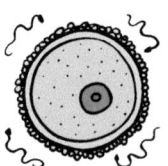

kiaušialąstė

ch'uytu

sperma

yuma

nėštumas

wiksayuq kay

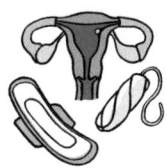

menstruacijos
k'ikuy

makštis
rakha

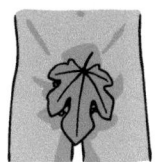

varpa
ullu

antakis
qhichira

plaukai
chukcha

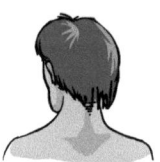

kaklas
kunka

ligoninė
Jampina wasi

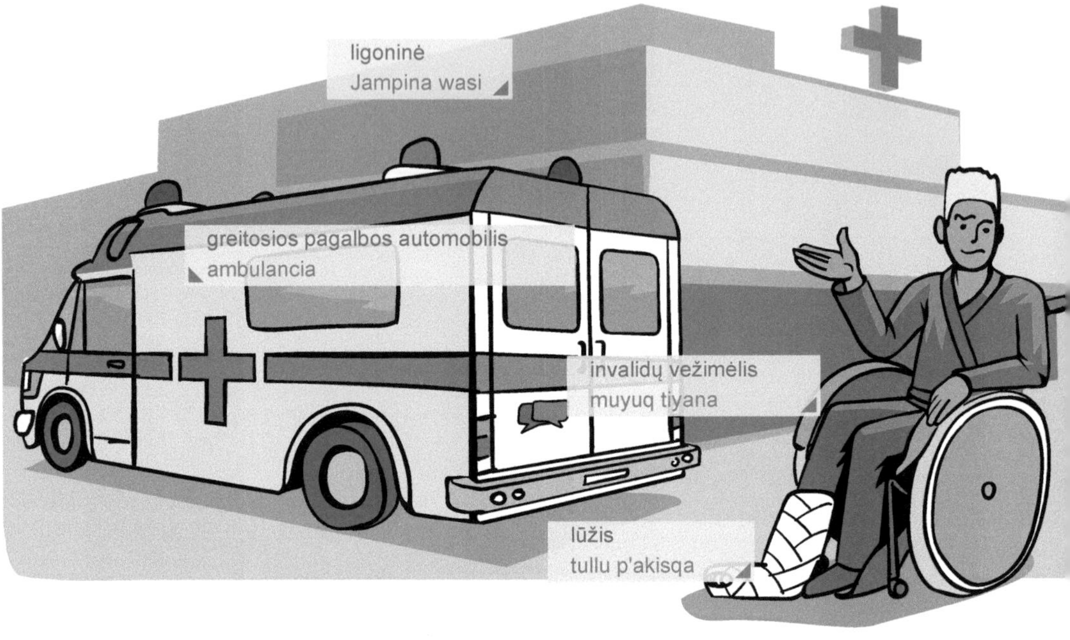

ligoninė
Jampina wasi
greitosios pagalbos automobilis
ambulancia
invalidų vežimėlis
muyuq tiyana
lūžis
tullu p'akisqa

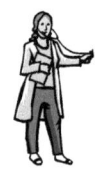

gydytojas

jampi kamayuq

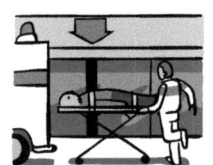

skubios pagalbos skyrius

urgencia wasi

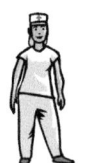

slaugytoja

jampi yanapaq

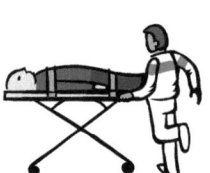

nelaimingas atsitikimas

urjinsia

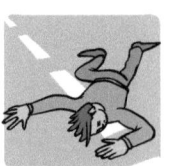

be sąmonės

mana yuyayniyuqchu

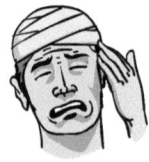

skausmas

nanay

sužalojimas

ñuti

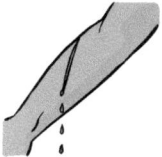

kraujavimas

sirk'ay

širdies smūgis

infarto

insultas

wayra

alergija

millachikuq

kosulys

ch'uju

karščiavimas

k'aja unquy

gripas

p'urqi

viduriavimas

q'icha

galvos skausmas

uma nanay

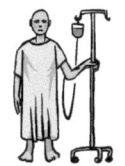

vėžys

isqu unquy

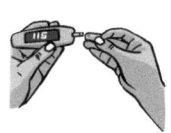

diabetas

diyawitis

chirurgas

jampi kamayuq

skalpelis

bisturi

operacija

upirasiun

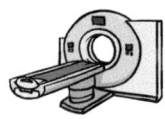

KT

TAC

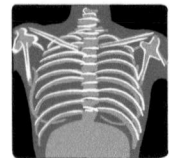

rentgenas

tullurikuchi

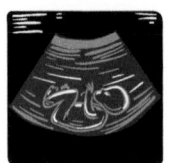

ultragarsas

ultrasunidu

veido kaukė

jark'ana

liga

unquy

laukiamasis

suyanapaq k'illi wanlla

ramentas

tawna

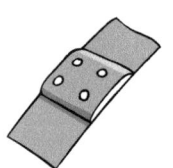

gipsas

tinta

tvarstis

manku

injekcija

inyiksiun

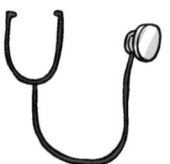

stetoskopas

istituskupiu

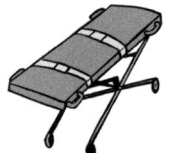

neštuvai

kallapu

termometras

llaphi tupuna tupu

gimimas

paqarisqa

antsvoris

wirachasqa

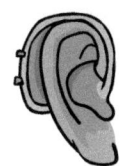

klausos aparatas

audifono

dezinfekavimo priemonė

disinjiktanti

infekcija

q'iyacha

virusas

miyu

ŽIV / AIDS

VIH / SIDA

vaistas

jampi

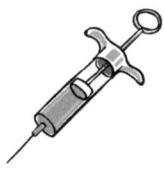

skiepijimas

wakuna

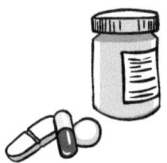

tabletės

tawlitakuna

piliulė

pastilla

skubios pagalbos numeris

usqay waqyana

kraujospūdžio matuoklis

tinsiumitru

ligotas / sveikas

unqusqa / qhali

Padėkite!	pavojaus signalas	užpuolimas
¡Yaw!	alarma	manchay

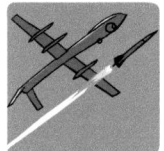

ataka	pavojus	avarinis išėjimas
waykha	chhiki	punku utqay lluqsinapaq

Gaisras!	gesintuvas	nelaimingas atsitikimas
¡Nina!	nina wañichiq	ñak'ariy

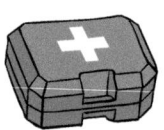

pirmosios pagalbos rinkinys	SOS	policija
botiquin de primeros auxilios	SOS	pulisiya

Europa

Iwrupa

Šiaurės Amerika

Chincha Amerika

Pietų Amerika

Qulla Amerika

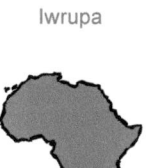

Afrika

Ajurika

Azija

Asia

Australija

Awstralia

Atlanto vandenynas

Atlantiku

Ramusis vandenynas

Pasijiku

Indijos vandenynas

Indiku mama qucha pacha

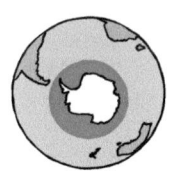

Pietų vandenynas

Antartiku mama qucha
pacha

Arkties vandenynas

Artiku mama qucha pacha

Šiaurės ašigalis

chincha pulu

Pietų ašigalis

qulla pulu

Antarktida

Antartida

Žemė

Pacha

sausuma

jallp'a

jūra

mama qucha

sala

tara

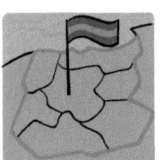

tauta

llaqta

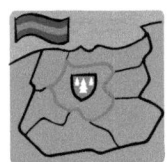

valstybė

Suyu

ciferblatas

muruq'u

valandinė rodyklė

phani tuqsiq

minutinė rodyklė

chininiq

sekundinė rodyklė

ch'ipu yupaq

Kiek valandų?

¿Ima phanitaq?

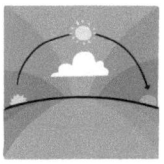

diena

p'unchaw

laikas

pacha

dabar

kunan

skaitmeninis laikrodis

dijital inti watana

minutė

chinini

valanda

phani

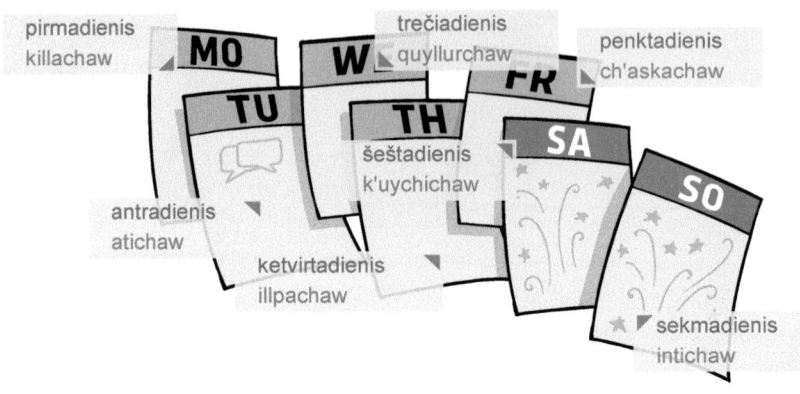

pirmadienis
killachaw

trečiadienis
quyllurchaw

penktadienis
ch'askachaw

šeštadienis
k'uychichaw

antradienis
atichaw

ketvirtadienis
illpachaw

sekmadienis
intichaw

vakar

qayna

šiandien

kunan

rytoj

p'unchaw

rytas

p'unchaw

vidurdienis

chawpi p'unchaw

vakaras

sukha

darbo dienos

llamk'ana p'unchawkuna

savaitgalis

tukuq qanchischawnin

metai
wata

lietus
para
vaivorykštė
k'uychi
vėjas
wayra
sniegas
rit'i
pavasaris
pawqar mit'a
ruduo
jawkay mit'a
vasara
ch'iraw killa
žiema
chiri mit'a

4.APRIL 11°
5.APRIL 4°
6.APRIL 13°
7.APRIL 8°
8.APRIL 10°

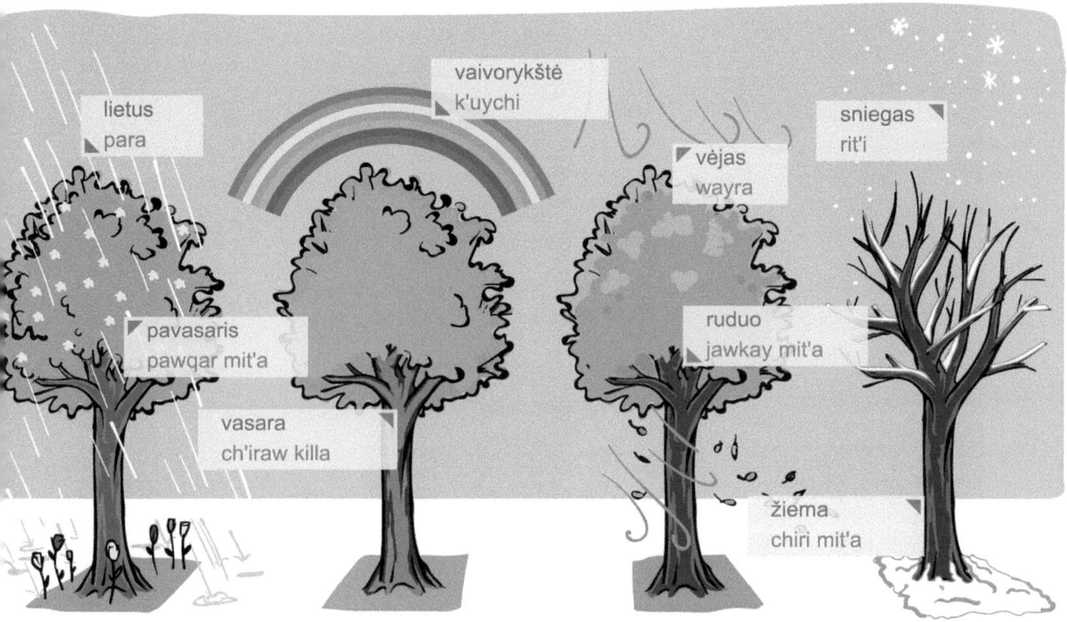

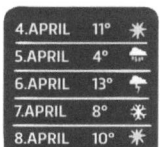

orų prognozė

inti raki

F C
120 90 60 30 0 -30
40 30 20 10 0 -10 -20

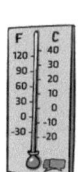

lauko termometras

tirmumitru

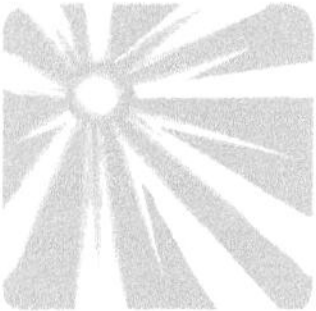

saulės šviesa

inti

debesis

phuyu

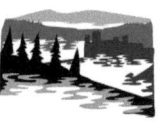

rūkas

phuyu

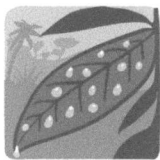

drėgmė

juq'u

žaibas

illapa

griaustinis

illapa

audra

tamya

kruša

chikchi

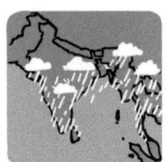

musonas

muyuq wayra

potvynis

lluqlla

ledas

chullunka

sausis

qhaqmiy killa

vasaris

jatunpuquy killa

kovas

pachapuquy killa

balandis

ariwaki killa

gegužė

aymuray killa

birželis

jawkaykuskuy killa

liepa

chakrakunakuy killa

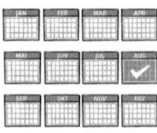

rugpjūtis

chakraypuy killa

rugsėjis
....
tarpuy killa

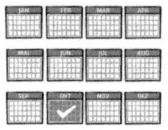

spalis
....
pawqarwara killa

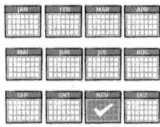

lapkritis
....
ayamarq'ay killa

gruodis
....
qhapaq inti raymi killa

formos
pacha tupusqa rikch'ay

apskritimas
....
muyu yupa

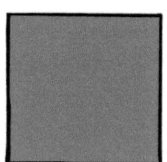

kvadratas
....
tawak'uchu yupa

stačiakampis
....
sayt'u yupa

trikampis
....
kimsa k'uchu yupa

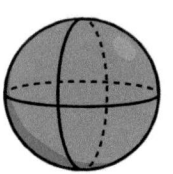

sfera
....
muruq'u

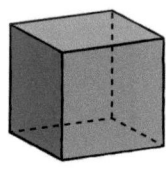

kubas
....
yupa wayru

balta

yurak

geltona

q'illu

oranžinė

willapi

rožinė

panti

raudona

puka

violetinė

kulli

mėlyna

anqas

žalia

q'umir

ruda

ch'umpi

pilka

uqi

juoda

yana

daug / mažai

achkha / pisi

piktas / ramus

phiña / qhasi

gražus / bjaurus

k'acha / millay

pradžia / pabaiga

qallariy / tukuy

didelis / mažas

jatun / juch'uy

šviesus / tamsus

suť'i / tuta

brolis / sesuo

wawqi / pana

švarus / purvinas

llimphu / ch'ichi

užbaigtas / neužbaigtas

junť'asqa / mana junť'asqa

diena / naktis

p'unchaw / tuta

miręs / gyvas

wañusqa / kawsaq

platus / siauras

chhuqu / k'ichki

valgomas / nevalgomas

mikhunapaq / mana
mikhunapaqchu

piktas / malonus

sakra / k'acha

linksmas / nuobodus

kusisqa / majisqa

storas / plonas

rakhu / tullu

pirmiausia / paskiausia

ñawpaq / qhipa

draugas / priešas

masi / awqa

pilnas / tuščias

junt'a / ch'in

kietas / minkštas

k'urki / llamp'u

sunkus / lengvas

llasa / chhalla

alkis / troškulys

yarqhay / ch'akiy

ligotas / sveikas

unqusqa / qhali

nelegalus / legalus

chanin / mana chanin

protingas / kvailas

yuyaysapa / upa

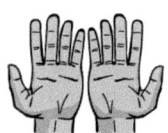

kairė / dešinė

lluq'i / paña

arti / toli

qaylla / karu

naujas / naudotas

musuq / mawk'a

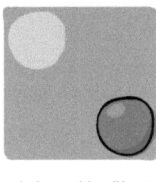

niekas / kažkas

ch'usaq / imapis

senas / jaunas

machu / wayna

įjungta / išjungta

jap'isqa / wanchisqa

atidaryta / uždaryta

kichasqa / wisq'asqa

tylus / garsus

ch'in / ch'aqwa

turtingas / vargšas

qhapaq / wakcha

teisus / neteisus

chiqan / mana chiqan

šiurkštus / švelnus

qhachqa / llamp'u

liūdnas / laimingas

llakisqa / kusi

trumpas / ilgas

k'aka / karu

lėtas / greitas

jayra / utqay

drėgnas / sausas

juq'u / ch'aki

šiltas / šaltas

rupha / chiri

karas / taika

awqay / sunqu tiyakuy

0

nulis

ch'usak

1

vienas

uk

2

du

iskay

3

trys

kimsa

4

keturi

tawa

5

penki

phichqa

6

šeši

suqta

7

septyni

qanchis

8

aštuoni

pusaq

9

devyni

jisq'un

10

dešimt

chunka

11

vienuolika

chunka ukniyuq

12

dvylika

chunka iskayniyuq

13

trylika

chunka kimsayuq

14

keturiolika

chunka tawayuq

15

penkiolika

chunka phichkayuq

16

šešiolika

chunka suqtayuq

17

septyniolika

chunka qanchisniyuq

18

aštuoniolika

chunka pusaqniyuq

19

devyniolika

chunka jsq'unniyuq

20

dvidešimt

iskay chunka

100

šimtas

pacha

1.000

tūkstantis

waranqa

1.000.000

milijonas

junu

anglų

inklis simi

amerikiečių anglų

amerikanu inklis simi

kinų (mandarinų)

mandarin chinu simi

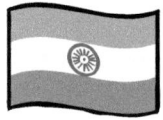

hindi

jindi simi

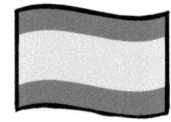

ispanų

castilla simi

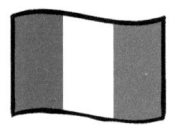

prancūzų

fransis simi

arabų

arabia simi

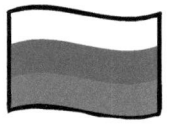

rusų

rusia simi

portugalų

purtugal simi

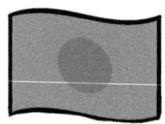

bengalų

bingali simi

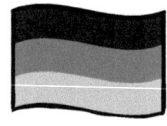

vokiečių

alimania simi

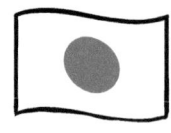

japonų

japun simi

aš

ñuqa

tu

qam

jis / ji

pay / pay / chay

mes

ñuqanchik

jūs

qamkuna

jie

paykuna

kas?

¿pitaq?

ką?

¿imataq?

kaip?

¿imaynataq?

kur?

¿maypitaq?

kada?

¿mayk'aq?

vardas

suti

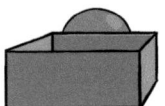

už
qhipa

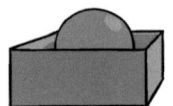

kur (vieta)
pi

priešais
ñawpaq

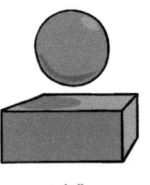

virš
pantanpi

ant
pata

po
uranpi

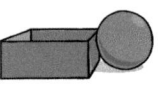

prie
kuska

tarp
chawpi

vieta
chiqan